Das große Geldanlage-Paket

Philip Kiefer

Markt+Technik

ISBN 978-3-98810-081-8

Espenpark 1a
90559 Burgthann

Produktmanagement Christian Braun, Burkhardt Lühr
Herstellung Jutta Brunemann
Layout David Haberkamp
Covergestaltung David Haberkamp
Satz inpunkt[w]o, Wilnsdorf (www.inpunktwo.de)
Druck mediaprint solutions GmbH, Paderborn
Printed in Germany

Philip Kiefer

Das große Geldanlage-Paket

Formulare zum Download

Vielleicht möchten Sie die Formulare im Buch belassen? Dann gehen Sie auf die Webseite zum Buch:

www.mut.de/0081

Auf der Webseite werden Ihnen die Formulare gesondert als PDF-Datei zur Verfügung gestellt, sodass Sie diese beliebig oft ausdrucken können. Zudem finden Sie auf der Webseite noch Excel-Dateien zum Berechnen von Abgeltungsteuer, Rendite und Co. Bei Problemen mit dem Download wenden Sie sich bitte an info@mut.de, dort wird Ihnen zeitnah geholfen.

Inhalt

Ihre Finanzen endlich im Griff

Das Leben jedes Menschen verläuft unterschiedlich, aber einige Kernthemen sind doch stets die gleichen. Eines dieser Kernthemen ist das liebe Geld. Genauso wie Ihre Gesundheit oder Ihre Beziehungen wollen auch Ihre Finanzen geregelt, gehegt und gepflegt werden. Mit Geld können Sie Ihr Leben bereichern, sich für alle Fälle absichern, mehr Freiheit erlangen, früher in Rente gehen, sich viele Wünsche erfüllen und Träume verwirklichen. In diesem Buch möchte ich Ihnen den Weg zeigen, wie Sie Ihre Finanzen in den Griff bekommen, schuldenfrei leben, nach und nach ein Vermögen aufbauen und die Segel auf Kurs finanzielle Freiheit setzen.

Zunächst muss ich Sie aber enttäuschen: Es gibt keine absolut sichere Methode, reich zu werden – außer, Ihr Vater heißt Elon Musk und Sie dürfen auf eine größere Erbschaft hoffen. Einen Weg, auf dem Sie stetig und mit an Sicherheit grenzender Wahrscheinlichkeit immer ärmer werden, den gibt es allerdings. Dieser Weg ist sehr leicht zu beschreiten und lautet: Legen Sie Ihr Geld auf einem schlecht verzinsten Sparbuch oder Tagesgeldkonto an.

Zwar wird Ihnen auf dem Sparbuch oder Tagesgeldkonto auch in 20 Jahren noch die Summe 100.000 Euro angezeigt, oder mit Zinsen sind es vielleicht 107.297,64 Euro. Aber Sie können sich für das Geld nicht mehr das Gleiche kaufen wie zum Zeitpunkt der Geldanlage. Das Geld ist 20 Jahre später sehr viel weniger Wert. Die Inflation verzehrt ihr Vermögen mit Genuss, mal schneller, mal langsamer.

Auf der anderen Seite hat auch der Witzbold recht, der behauptet, dass Sie an der Börse auf die Schnelle ein kleines Vermögen machen können – wenn Sie zuvor ein großes Vermögen besessen haben. Gier und weitere Fehler bei der Geldanlage werden an der Börse oft knallhart bestraft. Und die teils erheblichen Kursschwankungen von Aktien und anderen Wertpapieren sind nichts für schwache Nerven. Ich spekuliere und investiere schon seit Mitte der 1990er Jahre an der Börse, weiß also, wovon ich schreibe, denn seither gab es mehrere größere Crashs und Krisen. Und ja: Auch ich bin kein Warren Buffett und habe viele Anlagefehler gemacht, bis ich zu dem Weg gefunden habe, den ich in diesem Buch beschreibe.

Absolute Sicherheit gibt es nicht. Beschreiten Sie deshalb einen Mittelweg, der zwar ebenfalls bedingt, dass Sie hin und wieder heftigere Kursschwankungen aushalten müssen, der aber über die Jahre und Jahrzehnte hinweg mit hoher Wahrscheinlichkeit Ihr Vermögen mehren wird.

Natürlich kann ich nicht wissen, in welcher Phase Sie sich zurzeit befinden, wo auf dem Weg ich Sie abholen kann. Vielleicht stehen Sie ganz am Anfang und möchten endlich mit dem Vermögensaufbau beginnen? Haben Sie eine Erbschaft gemacht und überlegen sich, wie Sie das Geld sinnvoll anlegen können? Möchten Sie sich fürs Alter absichern? Oder wollen Sie, dass Ihr bereits Erspartes nicht länger der Inflation zum Opfer fällt? In diesem Buch führe ich Sie von den Grundlagen bis zur finanziellen Meisterschaft.

Sicher werden Ihnen hierbei auch die Dokumente im Formularteil dienlich sein, mit deren Hilfe Sie Ihre persönlichen finanziellen Ziele formulieren, Ihr individuelles Risikoprofil erstellen, Ihr Budget planen und Ihren Vermögensstand regelmäßig ermitteln können.

Wechseln Sie noch heute auf die finanzielle Sonnenseite!

Ihr Autor
Philip Kiefer

PS: Ein kleiner Disclaimer darf bei Finanzthemen nicht fehlen, auch wenn sich das wohl von selbst versteht. Also: Die Informationen, die Sie in diesem Buch erhalten, sind nach bestem Wissen und Gewissen recherchiert, aber ich kann keine Haftung für eventuelle Verluste übernehmen, die Ihnen unter Umständen beim Umsetzen des Beschriebenen entstehen könnten.

1

Warum überhaupt Geld anlegen?

Zu Beginn machen Sie sich über die Vorteile des Vermögensaufbaus Gedanken. Warum sollten Sie überhaupt Geld anlegen? Was soll das bringen, wenn Sie das Leben doch jetzt, in diesem Moment genießen wollen? Dass es Vorteile bringt, über ein gewisses Vermögen zu verfügen, werden Sie in Ihrem bisherigen Leben schon erfahren haben. Aber führen Sie sich diese Vorteile ruhig einmal deutlich vor Augen.

Ermitteln Sie Ihre individuellen Motive und Ziele. Diese bilden die Grundlage der Geldanlage und sorgen dafür, dass Sie nicht plötzlich mitten auf dem Weg die Richtung ändern. Ein Vermögen aufzubauen, ist ein langfristiger Weg – Ihre finanziellen Ziele helfen Ihnen, am Ball zu bleiben und die richtigen Entscheidungen zu treffen. Auf kurze oder mittlere Sicht kann immer viel passieren: Rezessionen, Zinserhöhungen, Kriege oder Pandemien. Auf lange Sicht zeigt der Pfeil beim Vermögensaufbau aber nach oben, zumindest war es in der Vergangenheit stets so.

Erstellen Sie außerdem ein Risikoprofil, um festzustellen, welcher Anlagemix für Sie persönlich geeignet ist. Sie wollen auch als vermögende Person ruhig schlafen können und nehmen dafür eine geringere Durchschnittsrendite in Kauf? Kein Problem! Aber vielleicht sind Sie auch hartgesotten und prüfen nur in größeren Abständen den aktuellen Stand Ihrer Geldanlagen? In diesem Fall könnten Sie ein paar mehr Risiken eingehen, die mit einer höheren Rendite einhergehen. Lernen Sie in diesem Zusammenhang das »magische Dreieck« der Geldanlage kennen.

Viele Anlageprofis verwenden im Zusammenhang mit dem Vermögensaufbau das Bild einer Gans, die goldene Eier legt. Mit den goldenen Eiern ist die Rendite Ihrer Geldanlagen gemeint. Die Rendite erhalten Sie, solange Sie die Gans hegen und pflegen. Wenn Sie die Gans hingegen irgendwann schlachten, um sich einen Porsche zu kaufen, ist auch die Rendite Geschichte.

Natürlich können Sie auch auf einen Porsche, eine zweijährige Weltreise oder sonst etwas Tolles sparen, aber trennen Sie diese Form des Sparens vom Vermögensaufbau. Ihre Geldanlagen sollten etwas sein, das Sie möglichst gar nie antasten. Denken Sie daran: Es ist die Gans, die goldene Eier legt.

Ich kann natürlich nicht wissen, wie die Situation der Weltwirtschaft und die Lage an der Börse gerade dann ist, wenn Sie dieses Buch in Händen halten. Vielleicht gab es gerade einen Crash, und Sie können vom Tiefpunkt den Aufwind mitnehmen? Oder ein Crash kommt wenige Wochen, nachdem Sie Ihr ganzes Geld angelegt haben? Das wäre extremes Pech, aber auf lange Sicht ebenfalls kein Problem. Es dauert dann nur etwas länger, bis Sie die ersten goldenen Eier finden.

Eventuell haben Sie bereits einige Finanzratgeber oder Zeitschriftenartikel zu dem Thema gelesen. Sicherlich werden Sie dann auf einiges Bekannte stoßen. Lesen Sie diese Inhalte aber dennoch, um keinen wichtigen Punkt zu verlieren. Die Inhalte kann man eigentlich nicht oft genug wiederholen, und sie zahlen sich letztlich auch in barer Münze aus.

1.1 Die Vorteile des Vermögensaufbaus

Fragen Sie sich doch einmal, was Geld überhaupt ist. Nun, Geld ist ein äußerst nützliches Tauschmittel. Sie müssen nicht 20 Rinder durch die Stadt treiben, wenn Sie sich einen neuen Konzertflügel kaufen möchten, sondern legen einfach ein paar Papierscheine auf den Tisch. Das ist doch praktisch, oder?

Geld hat den weiteren wichtigen Vorteil, dass Sie es sparen und bunkern können, um es zu einem späteren Zeitpunkt auszugeben. Dieses gesparte Geld bildet zusammen mit Sachwerten Ihr Vermögen. Sachwerte sind werthaltige Dinge, die Sie für Geld kaufen und wieder zu Geld machen können. Dazu zählen unter anderem Aktien, Immobilien und Gold. Sie bieten einen Schutz gegen die Inflation, also die Geldentwertung.

Was bedeutet Inflation?

Inflation ist normalerweise ein schleichender Prozess mit jährlichen Kaufkraftverlusten von durchschnittlich nur wenigen Prozent (zumindest nach den offiziellen Angaben). Allerdings gab es auch Zeiten, in denen das Papiergeld schubkarrenweise durch die Gegend gekarrt wurde. Während der Hyperinflation im Jahr 1923 in Deutschland verlor das Geld so rapide an Wert, dass ein Brot gegen Ende jenes Jahres mehrere Milliarden Mark kostete. Geld hat nur einen Wert, solange sich alle darüber einig sind.

Inflation bedeutet: Die Summe bleibt die gleiche, aber was Sie mit dieser Summe in den Einkaufswagen laden können, wird immer weniger.

Kann eine Hyperinflation wieder geschehen?

Das ist äußerst unwahrscheinlich, aber theoretisch möglich. Wenn Sie jetzt denken: »Und was ist, wenn morgen Unvorhergesehenes geschieht, dass alles heute noch Wichtige morgen nur noch Makulatur ist? Ist es dann nicht besser, man hat jede Menge Schulden gemacht und die eigenen Einnahmen verprasst?« Dann überlegen Sie vorher noch, was passiert, wenn man das Geld verjubelt, Schulden macht und die Hyperinflation am Ende doch nicht kommt. Dann hat man wirklich Probleme.

Welche Vorteile bringt ein Vermögen?

Bestimmt ist es keine schlechte Idee, intensiv zu leben. Aber das schließt keineswegs aus, Rücklagen zu bilden und ein Vermögen aufzubauen. Bei der Geldanlage sollten Sie sich niemals von Ängsten leiten lassen, sondern stets davon ausgehen, dass Sie lange und glücklich leben werden, und auch davon, dass die Weltwirtschaft in Zukunft weiter Wohlstand hervorbringen wird. Überlegen Sie doch einmal, welche Vorteile es mit sich bringt, wenn Sie über ein großes Vermögenspolster verfügen.

- Ihr Vermögen bringt Freiheit: Können Sie von Ihrem Vermögen mehrere Monate, mehrere Jahre oder sogar das ganze Leben zehren, sind Sie nicht auf ein Arbeitseinkommen angewiesen.
- Ihr Vermögen kann Zeit kaufen: Möchten Sie weniger arbeiten und häufiger Ihren Hobbys nachgehen? Mit einem entsprechenden Vermögen im Hintergrund können Sie Ihre Arbeitszeit reduzieren und sich gewissermaßen Zeit kaufen.
- Mit einem Vermögen sind Sie auf der sicheren Seite: Selbst, wenn Sie ein Schicksalsschlag trifft, etwa eine schwere Erkrankung oder ein Unfall, und Sie längere Zeit nicht arbeiten können, haben Sie ein finanzielles Polster. Zudem haben Sie mehr Möglichkeiten für eine optimale medizinische Versorgung.
- Ein Vermögen macht Sie gesünder und klüger: Hochwertige Ernährung oder Bildungsreisen kosten Geld. Dank Ihres Vermögens können Sie sich alles leisten und somit gesünder und klüger sein als der Durchschnitt.
- Ein Vermögen lässt Sie besser wohnen: Suchen Sie sich Ihren persönlichen Platz an der Sonne mit einer guten Nachbarschaft. Ihr Vermögen entscheidet zu einem wesentlichen Teil über Ihr Wohnumfeld.
- Sie fühlen sich mit einem Vermögen einfach sicherer: Mit einem Vermögen haben Sie idealerweise auch weniger Stress und machen sich weniger Sorgen. Das ist aber nur der Fall, wenn Sie Ihr Vermögen stressfrei anlegen und nicht mit hochriskanten Aktien spekulieren.

Fallen Ihnen noch weitere Vorteile des Vermögensaufbaus ein? Machen Sie sich darüber ruhig einmal einige Gedanken.

1.2 Ermitteln Sie Ihre eigenen Motive und Ziele

Warum möchten Sie selbst ein Vermögen aufbauen? Wünschen Sie sich Sicherheit, um im Alter keine finanziellen Sorgen zu haben? Möchten Sie Ihre Kinder bei deren Plänen, etwa beim Hausbau, unterstützen? Oder streben Sie nach möglichst großer Freiheit, in Ihrem Leben das tun und lassen zu können, was Sie möchten?

Es ist wichtig, dass Sie sich Ihre eigenen Motive vor Augen führen. Warum streben Sie nach Geld? Welche Bedeutung hat es für Sie? Was möchten Sie jetzt und später mit Ihrem Geld anfangen?

Gibt es dafür ein Beispiel?

Nehmen wir als Beispiel doch einmal die FIRE-Bewegung, die aus den USA stammt. FIRE steht hier für **F**inancial **I**ndependence, **R**etire **E**arly, also »Finanzielle Unabhängigkeit, früher Ruhestand«. In Deutschland nennen sich Anhänger dieser Bewegung auch Frugalisten.

Frugalisten meiden Ausgaben wie der Teufel das Weihwasser. Einige schalten beim Toilettengang nicht das Licht an, um Strom zu sparen (Sitzen wird empfohlen!). Sie fahren Fahrrad statt Auto, um Benzin zu sparen. Und zum Essen gibt es Kidneybohnen und was sonst noch wenig Geld kostet. Durch solche Maßnahmen können Frugalisten die Hälfte oder noch mehr ihres Nettoeinkommens zur Seite legen. Das Motiv: Sie möchten so viel Geld wie möglich anlegen, um dieses für sich arbeiten zu lassen, statt selbst arbeiten zu gehen.

Klingt das despektierlich? Ich erlaube mir diese Übertreibung, weil ich selbst viele Jahre lang frugalistisch gelebt habe. Tatsächlich sparen Frugalisten aber nicht auf Teufel komm raus. Der FIRE-Bewegung liegt die Erkenntnis zugrunde, dass viele Dinge, die Geld kosten, überhaupt nicht zu unserem Glück beitragen, sondern uns sogar Lebensenergie rauben. Fahren Sie lieber mit dem Fahrrad und halten sich gesund oder bevorzugen Sie es, bei der nächsten Rechnung Ihrer Kfz-Werkstatt einen Herzanfall zu kriegen? Und könnte es vielleicht ein kleiner Gebrauchtwagen sein statt einer nagelneuen Limousine, bei der Sie sich dann jeden Tag über Kratzer im Lack Sorgen machen?

Früher Ruhestand bedeutet für Frugalisten übrigens nicht unbedingt, gar nicht mehr zu arbeiten. Ihnen ist vor allen Dingen wichtig, dass die Arbeit freiwillig ist, ihnen Freude bereitet und sinnvoll ist. Sie könnten sich also zum Beispiel auch nicht vergüteten ehrenamtlichen Tätigkeiten widmen.

Und wenn das alle so machen würden?

Bei der Suche nach Ihren Motiven und Zielen sollten Sie sich keine Gedanken machen wie: »Und was, wenn alle früher in den Ruhestand gehen würden?« Oder Ähnliches. Alle handeln sowieso niemals vernünftig, deshalb sollten Sie sich an der Mehrheit nicht orientieren. Solche Fragen können Sie sich dann stellen, wenn es tatsächlich einmal Probleme geben sollte.

Was ist der Unterschied zwischen Motiven und Zielen?

Ein früher Ruhestand und die damit verbundene persönliche Freiheit kann also eines von vielen sinnvollen Motiven für den Vermögensaufbau sein, aber er ist noch kein wirkliches Ziel. Das Motiv beantwortet die Frage nach dem Warum, es ist das, was Sie motiviert. Ein Ziel klärt darüber hinaus die Antwort auf das Was und das Wie. Ein Ziel beschreibt konkret den angestrebten Endzustand.

Setzen Sie sich in jedem Fall finanzielle Ziele, denn sie helfen Ihnen, beim Vermögensaufbau am Ball zu bleiben. Wenn Sie eine Adresse ins Navi eingeben, werden Sie nicht plötzlich in eine andere Richtung fahren als die, die das Navi ausspuckt. Denn Sie wollen Ihr Fahrziel erreichen. So ähnlich ist es auch beim Setzen finanzieller Ziele.

Zum Formulieren Ihrer finanziellen Ziele finden Sie im Formularteil dieses Buches ein hilfreiches Formular. Es basiert auf dem SMART-Prinzip. Ziele, die nach diesem Prinzip formuliert werden, sind spezifisch, messbar, attraktiv, realistisch und terminiert. Doch was bedeutet das? Ziele sind:

- **S**pezifisch, also klar und eindeutig. Zum Beispiel sagen Sie nicht: »Ich will früher in den Ruhestand gehen.« Denn das könnte dann auch noch mit 66 Jahren der Fall sein. Stattdessen könnte die Formulierung lauten: »Ab meinem 50. Geburtstag bin ich nicht mehr auf ein Arbeitseinkommen angewiesen.«

- **M**essbar: Formulieren Sie das Ziel messbar, etwa: »Mein Ziel ist es, ein Vermögen von einer Million Euro oder mehr zu erreichen.«

- **A**ttraktiv: Dass ein Ziel attraktiv sein sollte, ist klar, denn sonst kommen Sie nicht in die Gänge. Ein Ziel wie »500 Euro innerhalb von zehn Jahren sparen« würde Sie wahrscheinlich nicht gerade vom Hocker reißen.

- **R**ealistisch: Sie sollen nicht träumen und nicht ausschließlich positiv denken, sondern realistische, erreichbare Ziele formulieren. Das heißt aber nicht, dass ein Ziel keine Herausforderung darstellen soll. Einem bekannten Spruch zufolge sollten Sie ruhig nach den Sternen greifen; wenn Sie dann nur den Mond erreichen, wäre es immer noch toll.

- **T**erminiert: Versehen Sie das Ziel schließlich noch mit einem Datum, zu dem das Ziel erreicht sein soll.

1.2 Ermitteln Sie Ihre eigenen Motive und Ziele

Setzen Sie sich finanzielle Ziele, am besten nach dem SMART-Prinzip.

So könnte ein vollständiges Ziel lauten: »Ab meinem 50. Geburtstag am 23. Mai 2036 verfüge ich über ein Vermögen von einer Million Euro oder mehr und bin nicht mehr auf ein Arbeitseinkommen angewiesen.« Das ist ein attraktives Ziel, nicht wahr? Und für jüngere Menschen ist es durchaus auch realistisch.

Fangen Sie jetzt an!

Auch dann, wenn Sie nicht mehr ganz jung sein sollten: Für den Vermögensaufbau und das Setzen von Zielen ist es nie zu spät. Passen Sie Ihre Ziele einfach an Ihre individuellen Gegebenheiten an. Eine einfache Faustregel lautet: Die beste Zeit, mit dem Vermögensaufbau zu beginnen, ist immer jetzt.

1.3 Machen Sie sich Ihr Risikoprofil klar

Eingangs wurde schon gesagt, dass der sicherste Weg, Geld zu verlieren, darin besteht, es auf einem Sparbuch liegen zu lassen. Sie sehen nur, dass die Zahl gleich bleibt oder sogar leicht wächst. Aber die Inflation raubt in fast jedem Jahr ein mehr oder weniger großes Stück Kaufkraft. Können Sie heute für 500.000 Euro noch ein hübsches Häuschen kaufen, gibt es für das gleiche Geld in 40 Jahren vielleicht nur noch eine Ein-Zimmer-Wohnung.

Geld, das Sie dauerhaft erhalten wollen, sollten Sie deshalb zu einem großen Teil in Sachwerten anlegen. Deren Preise steigen in der Regel zusammen mit der Inflationsrate. So wie im Beispiel die Ein-Zimmer-Wohnung, die heute 100.000 Euro, in 40 Jahren aber vielleicht eine halbe Million Euro kostet.

Die Preise von Sachwerten unterliegen allerdings Schwankungen. Bei Immobilien bekommen Sie davon in der Regel herzlich wenig mit, wenn Sie nicht gerade den heimischen Immobilienmarkt verfolgen. Bei Aktienanlagen sieht es anders aus. Da sehen Sie sekündlich, wie der Wert schwankt, und es gab Jahre, in denen Aktiendepots 30 % und noch mehr an Buchwert verloren. Und es gab auch schon Crashs, bei denen die Aktienmärkte innerhalb einer Woche 30 % runterrauschten.

Wie viel Verlust halten Sie aus?

Wenn Sie Ihre Geldanlagen planen, müssen Sie sich auch darüber klar werden, welche Verluste Sie aushalten, und dazu dient ein Risikoprofil. Das »Aushalten« ist in diesem Zusammenhang keineswegs nur emotional gemeint. Vielleicht werden Sie sagen: »Klar, ich bin ein harter Brocken! Verluste machen mir nichts aus, ich weiß ja, dass die Kurse wieder steigen werden.« Doch das genügt nicht.

Erstens wird Ihnen der Schweiß herunterlaufen, wenn es wirklich so weit ist. Und hin und wieder ein Börsencrash gehört einfach dazu. Zweitens haben solche Crashs Ursachen, und die könnten Ihre gesamte Planung ins Wanken bringen.

Einen kleineren Börsencrash gab es beispielsweise im April 2025, als der US-Präsident Zölle für viele Länder angekündigt hatte. Im Nachhinein eigentlich eine tolle Kaufgelegenheit, denn die Kurse stiegen bald darauf wieder! Aber es kam deshalb zum Crash, weil zu dem Zeitpunkt eine Weltwirtschaftskrise befürchtet wurde. Und in einer solchen schlimmen Krise brauchen Sie eben nicht nur Wertpapiere, die eine Weile lang immer tiefer sinken, sondern tatsächlich auch Cash, um notfalls mehrere Monate oder Jahre über die Runden zu kommen.

Wir sprechen hier außerdem nur von Vermögen, das Sie dauerhaft anlegen wollen. Wenn Sie auf etwas sparen, etwa den Kauf eines neu-

1.3 Machen Sie sich Ihr Risikoprofil klar

en Autos oder die Anzahlung für eine selbst genutzte Immobilie, müssen Sie die Anlagerisiken deutlich reduzieren. Ist der Anlagehorizont begrenzt, ist ein gut verzinstes Tagesgeldkonto keine schlechte Wahl, selbst wenn der Zins etwas unter der Inflationsrate liegen sollte.

Was ist das »magische Dreieck« der Geldanlage?

Ein Formular im Formularteil wird Ihnen bei der Ermittlung Ihres persönlichen Risikoprofils helfen. Dem Risikoprofil liegt dabei grundsätzlich das »magische Dreieck« der Geldanlage zugrunde. Dieses Dreieck besagt, dass Sie bei der Geldanlage stets einen Kompromiss aus Sicherheit, Ertrag und Anlagehorizont eingehen:

- Je sicherer ein Anlageprodukts ist und je geringer der Anlagehorizont ist, desto geringer wird der Ertrag sein, den Sie damit erwirtschaften.

- Je höher der Ertrag eines Anlageprodukts ist, desto höhere Risiken müssen eingegangen werden und desto höher sollte der Anlagehorizont sein.

- Je geringer der Anlagehorizont ist, desto geringere Risiken können Sie eingehen und desto geringer wird der Ertrag des Anlageprodukts sein.

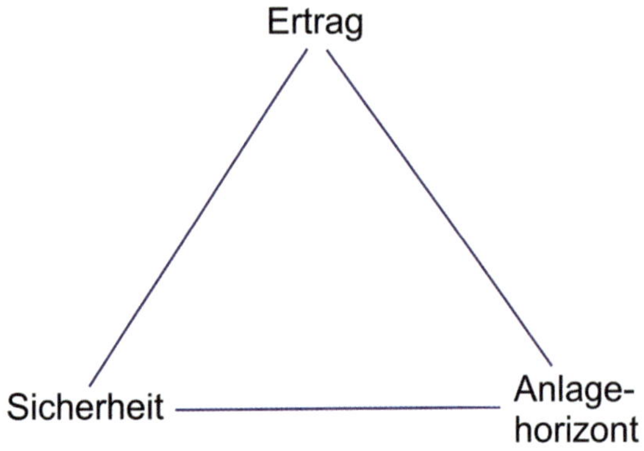

Geldanlage bedeutet stets einen Kompromiss aus Sicherheit, Ertrag und Anlagehorizont.

Behalten Sie dieses magische Dreieck stets im Hinterkopf, wenn Sie eine Anlageentscheidung treffen müssen. Es liefert gute Anhaltspunkte, ob die Anlage in Ihrer aktuellen Situation eher zu empfehlen oder zu vermeiden ist.

Nach diesen essenziellen Basisüberlegungen schaffen Sie im folgenden Kapitel die Grundlagen für den Vermögensaufbau. Sie sparen einen Teil Ihrer Einnahmen und lösen sich aus den Ketten einer eventuellen Verschuldung.

Checkliste: erfolgreiche Geldanlage

All die folgenden Punkte gehören zu einer erfolgreichen Geldanlage – deren Planung und Umsetzung. Kreuzen Sie jeweils an, was Sie bereits erledigt haben. Die entsprechenden Informationen und Formulare finden Sie in diesem Buch.

- ☐ Sie beschäftigen sich mit den Vorteilen eines Vermögens und machen sich über Ihre Motive zur Geldanlage Gedanken. Daraus formulieren Sie konkrete finanzielle Ziele, die nach dem SMART-Prinzip aufgebaut sind. Die Ziele sind nicht in Stein gemeißelt und können später noch geändert werden, zum Beispiel nach einer Familiengründung. Aber Sie sollten stets wissen, in welche Richtung Sie sich bewegen wollen.

- ☐ Sie ermitteln Ihr persönliches Risikoprofil, um dann Anlageprodukte auszuwählen, mit denen Sie sich rundum wohlfühlen. Denn bei der Geldanlage geht es vor allem darum, langfristig dabeizubleiben, und das wird Ihnen nur gelingen, wenn auch die Emotionen stimmen.

- ☐ Sie orientieren sich, welche Einnahmen Ihnen zur Verfügung stehen und welche Ausgaben notwendig sind. So finden Sie heraus, wie viel Sie regelmäßig sparen und investieren können. Konsumschulden sollten Sie rasch abbauen, um sich keine Eisenkugel ans Bein zu binden.

- ☐ Legen Sie als Erstes einen Notgroschen zur Seite, der zwischen drei und sechs monatliche Ausgaben abdecken soll. Bei Selbstständigen sollte der Notgroschen eher für ein ganzes Jahr reichen.

- ☐ Kennen Sie den Unterschied zwischen Geld- und Sachwerten? Beschäftigen Sie sich mit dem Thema Inflation und einem Anlagemix, der eine solide Realrendite erwirtschaftet. Zu den Geldwerten zählen zum Beispiel Tagesgeldkonto und Anleihen, zu den Sachwerten Aktien und Aktien-ETFs, Immobilien, Gold und Co.

- ☐ Stellen Sie ein individuelles Anlageportfolio zusammen, egal, ob per Einzelanlage oder Sparplan. Orientieren Sie sich dabei an den in diesem Buch vorgestellten Beispiel-Depots oder machen Sie sich nach ausgiebiger Recherche Ihre eigenen Gedanken.

- ☐ Eröffnen Sie ein Depot und legen Sie los. Zwar kaufen Sie prinzipiell am besten sofort, aber um kurzfristige Schwankungen auszunutzen, können Sie ein Limit nutzen. Ein Depot lässt sich auch als Paar führen, und sogar für Kinder lassen sich eigene Depots anlegen.

- ☐ Machen Sie sich damit vertraut, was steuerlich alles zu berücksichtigen ist. Die Begriffe Abgeltungsteuer und Vorabpauschale sollten Sie in jedem Fall kennen. Und natürlich auch den Sparerpauschbetrag, den Sie mit entsprechenden Freistellungsaufträgen auf mehrere Banken verteilen können.

1.3 Machen Sie sich Ihr Risikoprofil klar

- ☐ Kennen Sie die Risiken und bereiten Sie sich gedanklich schon mal auf den nächsten Crash vor, der sicher kommen wird. Lernen Sie außerdem häufige Fehler bei der Geldanlage kennen, um diese vermeiden zu können.

- ☐ Schließlich machen Sie sich über das Entsparen Gedanken. Ihr Vermögen ist aufgebaut. Nun möchten Sie es dazu verwenden, Ihren Ruhestand zu versüßen. Aber natürlich ohne, dass das Geld frühzeitig ausgeht.

Wie risikofreudig sind Sie?

Beantworten Sie die folgenden Fragen, um sich selbst klarzumachen, wie risikofreudig Sie eigentlich sind – oder auch nicht. Antworten Sie spontan und seien Sie ehrlich zu sich selbst, es gibt wirklich nichts zu gewinnen als individuelle Klarheit.

1. Wie würden Sie Ihre generelle Einstellung zu finanziellen Risiken beschreiben?

- ☐ **A** Ich vermeide Risiken lieber, auch dann, wenn dafür der Ertrag geringer ausfällt.
- ☐ **B** Ich nehme ein gewisses Risiko in Kauf, sofern der Ertrag stimmt.
- ☐ **C** No risk, no fun! Größere Kursschwankungen machen mir gar nichts aus.

2. Wie wichtig ist Ihnen finanzielle Sicherheit im Alltag?

- ☐ **A** Sehr wichtig, denn ich möchte jederzeit ruhig schlafen können.
- ☐ **B** Ich brauche eine gewisse Sicherheit, bin aber offen für Neues.
- ☐ **C** Ich kann auch mal Unsicherheit aushalten, wenn die Chancen stimmen.

3. Wie reagieren Sie auf unerwartete Ausgaben?

☐ **A** Kein Problem, ich plane voraus und habe stets Rücklagen.

☐ **B** Ich kann flexibel reagieren, muss aber manchmal umdisponieren.

☐ **C** Ich lasse mich davon nicht aus der Ruhe bringen und regle das spontan.

4. Wie gehen Sie mit Veränderungen um, zum Beispiel im Job oder bei Ihren Finanzen?

☐ **A** Veränderungen verunsichern mich eher.

☐ **B** Keep cool! Ich passe mich an, wenn es nötig ist.

☐ **C** Ich sehe Veränderungen als Chance und Herausforderung.

5. Wie viel Erfahrung haben Sie bereits mit Geldanlagen (zum Beispiel Aktien, Fonds, Immobilien)?

☐ **A** Keine oder sehr wenig – ich bin Einsteiger bzw. Einsteigerin.

☐ **B** Ich habe schon erste Erfahrungen gesammelt.

☐ **C** Ich bin erfahren und habe verschiedene Anlageformen ausprobiert.

6. Wie haben Sie bisher auf Verluste bei Geldanlagen reagiert?

☐ **A** Verluste machen mir Angst, ich ziehe mich lieber zurück.

☐ **B** Ich halte durch, solange ich an die Anlage glaube.

☐ **C** Ich sehe Verluste als Teil des Spiels und bleibe gelassen.

1.3 Machen Sie sich Ihr Risikoprofil klar

7. Wie oft informieren Sie sich über Ihre Geldanlagen?

☐ **A** Selten, ich vertraue auf sichere Produkte.

☐ **B** Ab und zu, wenn es Neuigkeiten gibt.

☐ **C** Regelmäßig, ich behalte den Markt gern im Blick.

8. Sind Sie bereit, sich neues Wissen zum Thema Geldanlage anzueignen?

☐ **A** Nur, wenn es unbedingt nötig ist.

☐ **B** Ja, aber es sollte verständlich und unkompliziert sein.

☐ **C** Auf jeden Fall – ich finde das Thema spannend.

9. Was ist Ihr wichtigstes Ziel bei Geldanlagen?

☐ **A** Sicherheit und Werterhalt meines Geldes.

☐ **B** Eine ausgewogene Mischung aus Sicherheit und Ertrag.

☐ **C** Möglichst hohe Rendite, auch wenn das mehr Risiko bedeutet.

10. Wie lange können Sie auf Ihr angelegtes Geld verzichten?

☐ **A** Weniger als 3 Jahre.

☐ **B** 3 bis 7 Jahre.

☐ **C** Länger als 7 Jahre.

11. Für welchen Zweck legen Sie hauptsächlich Geld an?

- ☐ **A** Für einen geplanten größeren Kauf in naher Zukunft.
- ☐ **B** Für die Altersvorsorge und die finanzielle Absicherung.
- ☐ **C** Um Vermögen aufzubauen und Chancen zu nutzen.

12. Wie reagieren Sie, wenn der Wert Ihrer Geldanlage plötzlich stark schwankt?

- ☐ **A** Ich werde nervös und überlege, ob ich verkaufen soll.
- ☐ **B** Ich beobachte die Entwicklung, treffe aber keine vorschnellen Entscheidungen.
- ☐ **C** Schwankungen gehören für mich dazu, ich halte an meiner Strategie fest.

13. Wie flexibel sind Sie bei der Verfügung über Ihr Geld?

- ☐ **A** Ich möchte jederzeit zugreifen können.
- ☐ **B** Ein mittelfristiger Verzicht ist für mich in Ordnung.
- ☐ **C** Ich kann mein Geld langfristig binden.

14. Was tun Sie, wenn die Medien von einer Finanzkrise berichten?

- ☐ **A** Ich werde nervös und ziehe mein Geld lieber ab.
- ☐ **B** Ich informiere mich, ob meine Anlagen betroffen sind.
- ☐ **C** Ich lasse mich davon nicht verunsichern.

1.3 Machen Sie sich Ihr Risikoprofil klar

15. Wie viel vorübergehenden Verlust könnten Sie maximal verkraften, ohne unruhig zu werden?

☐ **A** Kaum Verluste, maximal 5 %.

☐ **B** Bis zu 15 % könnte ich aushalten.

☐ **C** Auch Verluste über 15 % bringen mich nicht aus der Fassung.

16. Wie gehen Sie mit längeren Phasen ohne Gewinne um?

☐ **A** Ich verliere schnell die Geduld.

☐ **B** Ich versuche, ruhig zu bleiben und abzuwarten.

☐ **C** Ich sehe das als Gelegenheit, günstig nachzukaufen.

17. Welche Aussage passt am besten zu Ihrem Sparverhalten?

☐ **A** Ich spare regelmäßig auf einem Tagesgeld- oder Sparkonto.

☐ **B** Ich nutze verschiedene Wege, um mein Geld zu vermehren.

☐ **C** Ich probiere gern neue Anlageformen aus.

18. Wie beurteilen Sie die Rolle von Sicherheit bei Geldanlagen?

☐ **A** Sicherheit steht für mich an erster Stelle.

☐ **B** Ein Mittelweg aus Sicherheit und Ertrag ist ideal.

☐ **C** Wer mehr will, muss auch mehr wagen.

19. Wie hoch sollte der mögliche Ertrag bei Ihrer Geldanlage sein?

- ☐ **A** Mir reichen kleine, aber sichere Zinsen.
- ☐ **B** Ein etwas höherer Ertrag wäre schön, wenn das Risiko überschaubar bleibt.
- ☐ **C** Ich setze auf möglichst hohe Renditen, auch mit Risiko.

20. Was würden Sie tun, wenn sich Ihre finanzielle Situation plötzlich ändert?

- ☐ **A** Meine Anlagen sofort anpassen und auf Sicherheit setzen.
- ☐ **B** Überlegen, ob eine Anpassung nötig ist.
- ☐ **C** Erst einmal abwarten und Chancen nutzen.

Auswertung

Zählen Sie, wie häufig Sie die Antwortmöglichkeiten A, B oder C gewählt haben, und notieren Sie die Anzahl hier:

A: ________ B: ________ C: ________

Wenn die A-Antworten überwiegen, sind Sie eher sicherheitsorientiert und bevorzugen risikoärmere Anlageprodukte.

Haben Sie hauptsächlich B-Antworten gewählt, sind Sie bei der Geldanlage ausgewogen und offen für Chancen, ohne das Risiko aus den Augen zu verlieren.

Überwiegen die C-Antworten, zählen Sie zu den risikofreudigen Anlegern und sind bereit, auch größere Schwankungen für einen höheren Ertrag in Kauf zu nehmen.

Der Test kann Ihnen aber nur Anhaltspunkte geben. Sicherlich wird die persönliche Anlagestimmung auch davon beeinflusst, wie es gerade an den Finanzmärkten aussieht. Dort informiert ein »Fear and Greed Index« (auf Deutsch »Angst-und-Gier-Index«) darüber, wie die Anleger und Anlegerinnen gerade drauf sind. Sie können sich den aktuellen Indexstand zum Beispiel hier ansehen: https://edition.cnn.com/markets/fear-and-greed.

2

Ausgaben kontrollieren und sparen, was das Zeug hält

Vielleicht fragen Sie sich zurzeit gar nicht, wie Sie eine Million Euro erreichen können, sondern eher, warum am Ende des Geldes noch so viel Monat übrig ist und wie Sie die nächste Miete aufbringen sollen? Oder Sie sitzen auf einem durchgesessenen Sofa, das Sie noch weitere drei Jahre abzubezahlen haben? Dann ist dieses Kapitel extrem wichtig für Sie! Machen Sie noch heute den ersten Schritt auf Ihrem Weg zu gesunden Finanzen.

Es ist ja eine Binsenweisheit, dass die Ausgaben nicht die Einnahmen übersteigen sollten, um nicht irgendwann in der Privatinsolvenz zu landen. Aber manchmal ist das leichter gesagt als getan, nämlich dann, wenn ungeplante oder vergessene Kosten auf Sie zukommen. Da gehen Auto und Waschmaschine gleichzeitig kaputt und eine Steuernachzahlung flattert auch noch ins Haus. Schon ist das Kind in den Brunnen gefallen.

Damit Sie zukünftig nie wieder ins Minus rutschen, behalten Sie mit einem Budgetplan den Überblick über Ihre Einnahmen und Ausgaben. Ja, das bedeutet einen zusätzlichen Aufwand in Ihrem eventuell ohnehin schon stressigen Alltag. Aber der Aufwand lohnt sich und verschafft Ihnen Klarheit darüber, wo Sie finanziell wirklich stehen und wie viel Geld Sie regelmäßig zurücklegen können.

Sie sparen nach Plan! Als Allererstes bauen Sie einen Notgroschen auf, um auch bei unvorhergesehenen Ausgaben nicht ins Minus abzurutschen. Bei genauer Betrachtung müssen diese unvorhergesehenen Ausgaben gar nicht so unvorhergesehen bleiben. Dass ein älteres Gerät irgendwann kaputtgeht und repariert oder ausgetauscht werden muss, können Sie bereits einplanen. Ist der Notgroschen vorhanden, beginnt Schritt für Schritt Ihr Weg zum finanziellen Wohlstand.

Auch Sparen will tatsächlich gelernt sein. Ermitteln Sie, welche Summe Sie regelmäßig für den Vermögensaufbau bereitstellen können – das ist Ihre Sparquote. Erhalten Sie außerdem nützliche Spartipps, die Sie bestimmt noch nicht in einer Zeitschrift gelesen oder von Ihrer Oma bekommen haben.

Und falls Sie verschuldet sein sollten, lernen Sie einen cleveren Weg kennen, wie Sie Schulden abbauen und ein Vermögen aufbauen – und zwar gleichzeitig. Schulden rauben Ihnen Freiheit und sie sind auch eine emotionale Last. Das betrifft besonders Konsumschulden, also Schulden, die Sie für Gegenstände gemacht haben, die laufend an Wert verlieren. Werden Sie die Schulden wieder los. Das soll Sie aber nicht daran hindern, bereits an Ihrem Vermögensaufbau zu arbeiten.

Kurz: In diesem Kapitel erfahren Sie, wie Sie das Geld zur Verfügung haben werden, das Sie für die ab dem dritten Kapitel beschriebene Geldanlage brauchen. Absolute Summen spielen dabei weniger eine Rolle als Prozente. Auch dann, wenn Sie am Anfang Ihres Berufslebens stehen, und vielleicht nur 10 Euro monatlich erübrigen können, legen Sie mit dem Vermögensaufbau los! Wichtig ist erst einmal, dass Sie anfangen – mehr geht später immer.

2.1 Ihre Ausgaben unter Kontrolle bekommen

Vermögend werden Sie nicht durch das Geld, das Sie verdienen, sondern durch das Geld, das Sie vom Verdienten behalten. Klar, nicht wahr? Es gibt Personen mit einem hohen Einkommen, denen es einfach nicht gelingt, ein Vermögen aufzubauen und zu behalten. Sie gönnen sich jeden Luxus, machen schlechte Geschäfte oder verplempern ihr Geld auf sonstige Weise. So geht es auch vielen Menschen, die eine große Summe erben oder im Lotto gewinnen. Sie sind nicht an derartig große Summen gewöhnt und schaffen es nicht, das Geld dauerhaft zu behalten.

Auf der anderen Seite gibt es Personen, die ein relativ geringes Einkommen haben, aber dennoch steinreich werden. Der amerikanische Autor Morgan Housel hat mit seinem (übrigens sehr empfehlenswerten) Buch »Über die Psychologie des Geldes« einen Landsmann namens Ronald Read berühmt gemacht. Dieser führte ein einfaches Leben und arbeitete unter anderem als Tankwart und Hausmeister. Er starb 2014 im Alter von 92 Jahren. Alle staunten, als Read ein Vermögen von knapp acht Millionen US-Dollar hinterließ. Read hatte sein Leben lang sparsam gelebt und das Geld an der Börse angelegt. Nichts weiter.

Kann auch ich vermögend werden?

Können auch Sie erreichen, was Ronald Read erreicht hat? Das hängt am ehesten von Ihrem Lebensalter ab. Je früher Sie beginnen, desto besser. Aber grundsätzlich lautet die Antwort: Na, und ob! Auch Sie können ein stattliches Vermögen aufbauen, wenn Sie:

- Ihre Einnahmen erhöhen: Wenn Sie angestellt arbeiten, sparen Sie einen festen, nicht zu knappen Anteil Ihres Einkommens; Gehaltserhöhungen werden mindestens zur Hälfte gespart. Noch besser wäre es aber, wenn Sie Unternehmer wären, denn dann gäbe es auf der Einnahmenseite keine finanzielle Obergrenze. Tatsächlich sind die meisten Millionäre Unternehmer. Aber das Unternehmertum ist keine Voraussetzung.
- Ihre Ausgaben reduzieren: Betrachten Sie zukünftig jeden einzelnen Euro als kleinen emsigen Arbeiter, der Ihr Vermögen vermehrt. Stellen Sie alle Ausgaben auf den Prüfstand und streichen Sie alles, was unnötig und sinnbefreit ist. Nein, das allein wird Sie nicht reich machen, da haben Sie völlig recht. Jedoch ist das der Grundstein, den Sie für Ihre Vermögensentwicklung legen.
- Ihr Geld klug anlegen: Das bedeutet, dass Sie die Arbeiter nicht auf dem Sparbuch schlafen lassen, sondern diese unter anderem in große Unternehmen in aller Welt entsenden. Sie erwerben Unternehmensanteile und sind an den Gewinnen dieser Unternehmen beteiligt.

Einmal angenommen, Sie könnten 500 Euro pro Monat sparen und würden damit eine Rendite von durchschnittlich 7 % erzielen – was denken Sie, nach wie vielen Jahren Sie die Million erreicht hätten? Die Antwort: Nach 37 Jahren, also nach einer halben Ewigkeit. Aber es ist die Million. Starten Sie im Alter von 30 Jahren, haben Sie dieses Vermögen zu Ihrem Rentenbeginn.

Sind sieben Prozent Rendite realistisch?

7 % Rendite sind dabei durchaus realistisch, wie Sie in den folgenden Kapiteln dieses Buches noch sehen werden. Und Sie könnten auch noch mehr Geld sparen sowie unvorhergesehene Einnahmen wie etwa eine Erbschaft für den Vermögensaufbau statt für eine sechswöchige Kreuzfahrt verwenden. Sind Sie bereits älter, haben Sie zwar weniger Zeit, um den Zinseszinseffekt voll auszukosten. Dafür haben Sie in der Regel aber ein höheres Einkommen als eine jüngere Person. Davon können Sie mehr zurücklegen und ebenfalls die Million oder einen noch höheren Betrag ins Visier nehmen.

Was sollte ich als Erstes tun?

Alles beginnt ganz prosaisch mit einem Budgetplan, in dem Sie alle Ihre Einnahmen und Ausgaben eines Monats erfassen und gegenüberstellen. Im Formularteil finden Sie einen Budgetplan, den Sie ausfüllen können. Empfehlenswert ist aber auch, für diesen Zweck ein Tabellenkalkulationsprogramm wie Microsoft Excel zu verwenden. Doch selbst ein Notizbuch oder ein Spiralblock sind geeignet. Hauptsache ist, dass Sie Ihre Budgetplanung ernst nehmen, denn damit nimmt alles seinen Anfang.

In einem Budgetplan rechnen Sie alle Ihre Einnahmen zusammen, die Sie in einem Monat erhalten, und zwar netto. Zu Ihren Einnahmen gehört wohl in erster Linie Ihr Arbeitseinkommen, vielleicht aber auch Einnahmen aus einer vermieteten Immobilie (dann wären Sie schon ganz schön weit!). Schreiben Sie auch Kleinigkeiten auf wie Geldgeschenke, die Sie zu Festtagen erhalten, oder den Verkaufserlös von Gegenständen, die Sie nicht mehr brauchen und an andere Personen weiterreichen. Insgesamt werden Sie da eine recht große Summe erhalten, aber nicht besonders viel zu schreiben haben.

Anders sieht es bei den Ausgaben aus. Natürlich müssen Sie nicht dauerhaft jedes einzelne gekaufte Brötchen notieren. Aber der Budgetplan sollte – nach Kategorien geordnet – sämtliche Ausgaben umfassen, die in einem Monat anfallen: Wohnkosten, Autokosten, Lebensmittel und vieles mehr. Und nicht nur das: Beträge, die Sie jährlich oder vierteljährlich ausgeben, sollten anteilig aufgenommen werden, also etwa die Müllgebühren oder die Rundfunkgebühr.

2.1 Ihre Ausgaben unter Kontrolle bekommen

Soll ich meine Ausgaben nicht besser detailliert erfassen?

Zumindest anfangs kann es sich durchaus anbieten, alle Ausgaben detailliert aufzuschreiben. So können Sie später bei der Analyse Ihrer Einkäufe überlegen, der Kauf welcher Produkte tatsächlich notwendig war und welche Produkte Sie gut hätten weglassen können.

Wenn Sie, nachdem Sie Ihre Ausgaben von den Einnahmen abgezogen haben, ein dickes Plus sehen, sind Sie schon bereit zum Investieren. Aber vielleicht ist das Plus nicht ganz so dick? Oder es ist gerade mal eine schwarze Null? Eventuell sind Sie sogar in den Miesen? Dann ist dringend Sparen angesagt!

Notieren Sie für einige Zeit alle Ihre Ausgaben, um einen Überblick zu erhalten.

Haushaltsbuch-Apps

Falls Sie beim Erfassen Ihrer Ausgaben Unterstützung brauchen, können Sie dazu eine der zahlreichen Haushaltsbuch-Apps nutzen, die es im Store Ihres Smartphones für kleines Geld gibt. Suchen Sie nach einschlägigen Begriffen wie »haushaltsbuch« oder »budget«.

2.2 Sparen leicht gemacht

Geld auszugeben, fällt uns allen leicht. Aber Sparen ist eine Fähigkeit, die erlernt werden will. Wenn Sie ein Vermögen aufbauen möchten, funktioniert das nur, indem Sie etwas von dem Geld, das Sie empfangen (als Lohn, Schenkung, Erbschaft etc.) für sich behalten. Geben Sie das Geld aus, ist das zwar gut für die Wirtschaft und die Ladenbesitzer machen Freudentänze – Sie selbst schauen aber in die Röhre. Behalten Sie deshalb einen Teil Ihres Geldes für sich.

Zu welchem Zeitpunkt sollte ich Geld zurücklegen?

Eine wichtige Regel des Sparens lautet, sich selbst zuerst zu bezahlen. Sie findet sich in George S. Clasons Buch »Der reichste Mann von Babylon«, das erstmals 1926 erschien. Das Buch ist eigentlich ein Roman und erzählt die Geschichte eines Mannes namens Arkad, der im alten Babylon zu großem Reichtum gelangte. Auch er hat damit angefangen, jeden Monat kleinere Summen zu sparen.

Aber was bedeutet das eigentlich: sich selbst zuerst zu bezahlen? Überlegen Sie einmal, was normalerweise geschieht, wenn Sie zum Beispiel Ihren Lohn erhalten. Sie bezahlen davon Miete oder Hausgeld. Sie leisten Abschlagszahlungen für Strom und Gas. Haben Sie Kinder, bezahlen Sie für Kindergarten oder Kita. Einen weiteren großen Teil Ihres Geldes tragen Sie in den Supermarkt oder Discounter. Dann sind da noch Telefonanbieter, Restaurants, Tankstellen ... Jeder bekommt ein Stückchen von Ihrem Lohnkuchen ab. Aber Sie selbst?

Sich selbst zu bezahlen, bedeutet, gleich am Monatsanfang einen bestimmten Betrag zurückzulegen, der nur Ihrem Vermögensaufbau dienen soll. Diesen Betrag legen Sie beiseite, bevor Sie Geld an andere Stellen überweisen. In »Der reichste Mann von Babylon« sind das regelmäßig 10 %. Aber mal ehrlich: Das ist eigentlich nicht ausreichend. Jede Wette, Sie schaffen auch 15 % oder 20 %. Oder, falls Sie frugalistisch leben, sogar 50–70 %.

Angenommen, netto kommen jeden Monat 2.500 Euro rein und Sie möchten davon am Monatsanfang 15 % zurücklegen. Sie rechnen dann:

2.500 x 15 / 100 = 375 Euro

375 Euro wandern gleich am Monatsanfang auf ein Anlagekonto. Auskommen müssten Sie mit:

2.500 – 375 = 2.125 Euro

Könnten Sie sogar 24 % sparen, würde die Berechnung lauten:

2.500 x 24 / 100 = 600 Euro
2.500 – 600 = 1.900 Euro

Das Rechenprinzip ist klargeworden, nicht wahr? Falls Sie im Moment noch Bedenken haben sollten, ob der geringere monatliche Betrag Ihnen reicht, lesen Sie weiter, um sich einige wichtige Spartipps anzueignen. Sie können

2.2 Sparen leicht gemacht

es aber auch einfach ausprobieren und werden feststellen: Wenn weniger Geld zur Verfügung steht als bisher, machen Sie sich automatisch Gedanken darüber, welche Ausgaben notwendig sind und welche nicht.

Der Zeitpunkt ist das Entscheidende: Sparen Sie am Monatsanfang! Wenn Sie bis zum Monatsende warten und den übrig gebliebenen Betrag zurücklegen möchten, werden Sie häufig feststellen, dass gar nichts mehr übrig ist. Und das ist gar nicht Ihre eigene Schuld. Tatsächlich gibt es psychologische Methoden, Ihnen das Geld aus der Tasche zu ziehen, die in jeder Werbung und in jedem Supermarktregal Anwendung finden.

Welche Sparquote ist für mich die richtige?

Sie sollen sich beim Sparen auf alle Fälle wohlfühlen, denn es soll ja ein Dauerzustand sein. Muten Sie sich also nicht zu viel zu – aber auch nicht zu wenig! Fangen Sie im ersten Monat mit einer Sparquote von 10 % an und steigern Sie diese schrittweise. Oder bevorzugen Sie einen Sprung ins kalte Wasser? Dann starten Sie ruhig mit 25 %. Bei Bedarf können Sie auch diese Sparquote später nach oben oder unten anpassen. Um Ihre Sparquote zu berechnen, teilen Sie das gesparte Geld durch das Einkommen. Angenommen, es kommen 2.500 Euro rein und Sie sparen davon 300 Euro, lautet die Berechnung:

$$300 / 2.500 \times 100 = 12\ \%$$

Eventuell möchten Sie eine Sparquote von 30 % erreichen, was schon sehr gut wäre. Um den Betrag zu berechnen, der einer festgelegten Sparquote entspricht, rechnen Sie so:

$$2.500 \text{ Euro} \times 30 / 100 = 750 \text{ Euro}$$

Die Zahl 30 in dem Beispiel steht für die 30 %. Übrigens: Statt in der Gleichung 30 durch 100 zu teilen, können Sie auch einfach direkt die 2.500 mit 0,3 multiplizieren.

Ich kann doch nicht sparen, wirklich nicht!

Von einigen Personen höre ich herüberschallen, dass ihnen das Sparen nun wirklich nicht möglich wäre, sie würden nur vom Allernotwendigsten leben. Aber Champagner zählt nun mal nicht zu den Grundnahrungsmitteln. Und vielleicht müssen Sie ja auch nicht mit einem Lamborghini durch die Innenstadt sausen, sondern es könnte ein Kleinwagen oder sogar ein Fahrrad ausreichen. Oft müssen Sie nicht einmal etwas aufgeben, um zu sparen, sondern es reicht aus, die Anbieter zu optimieren. Dies betrifft zum Beispiel Telefonanbieter und Versicherungen – ein günstigerer Tarif, und schon haben Sie Geld zum Sparen!

Schauen Sie sich einmal die größten Kostenfresser an und entscheiden Sie selbst, wo Optimierungsmöglichkeiten bestehen könnten:

- Krankenversicherung: Sowohl bei privaten als auch bei gesetzlichen Krankenversicherungen gibt es deutliche Preisunterschiede. Während ich diese Zeilen schreibe, liegt etwa der Zusatzbeitrag der BKK firmus bei 2,18 %, während die BKK24 einen Zusatzbeitrag von 4,39 % erhebt. Natürlich muss man auch die jeweiligen Leistungen vergleichen, aber der Unterschied ist deutlich, oder? Und der Krankenkassenwechsel ist wirklich ein Kinderspiel: Antrag absenden, die neue Krankenkasse übernimmt den Rest.

- Weitere Versicherungen: Bei anderen Versicherungen fragen Sie sich zunächst einmal, was Sie davon wirklich benötigen. Brauchen Sie für ein zehn Jahre altes Auto wirklich noch eine Vollkaskoversicherung? Und gibt es vielleicht einen günstigeren Anbieter? Finden Sie eventuell auch für die Privathaftpflichtversicherung einen besseren Tarif? Und ist eine Hausratversicherung für zwei IKEA-Regale wirklich notwendig?

- Banken: Der Wechsel einer Bank ist relativ umständlich, deshalb will er besonders gut überlegt sein. Andererseits könnten Sie sich natürlich schon fragen, warum Sie jeden Monat zehn oder 20 Euro für etwas bezahlen sollten, das Sie bei einer anderen Bank nichts kostet.

- Auto: Mit einem Auto verbrennen Sie nicht nur Benzin, sondern auch viel Geld. Vielleicht geht es hier wenigstens eine Nummer kleiner? Beeindrucken können Sie mit einem großen Auto sowieso niemanden mehr, da viele Modelle heutzutage geleast werden. Fahren Sie ein Luxusmodell, sehen die Leute also nicht, dass Sie vielleicht vermögend sind – sie sehen nur, welches Vermögen Sie nicht mehr haben.

- Stromanbieter und Co.: Der Wechsel des Stromanbieters oder Gasanbieters ist sehr einfach. Schauen Sie auf einem Vergleichsportal wie Check24 oder Verivox nach, schließen Sie einen günstigen Vertrag mit hohem Bonus ab und genießen Sie eine hohe Ersparnis. Das Ganze können Sie jedes Jahr wiederholen, es dauert in der Regel nicht länger als eine Viertelstunde. Allerdings sollten Sie auch auf die Bewertungen des jeweiligen Anbieters achten und darauf, dass es sich nicht um einen Pleitekandidaten handelt – im schlimmsten Fall wären sonst die Abschlagszahlungen futsch.

- Verbrauchskosten: Natürlich sollen Sie nicht frieren oder im Dunkeln sitzen. Aber die Heizung um eine halbe Stufe herunterzudrehen und dafür einen Pulli anzuziehen, wäre doch kein Problem, oder? Und dass Sie lieber die sparsamen und langlebigen LED-Lampen statt Halogenlampen verwenden sollten, werden Sie im Lauf der Jahre auch mitbekommen haben, stimmt's?

- Mobilfunkanbieter: Ich wundere mich jedes Mal, wenn ich höre, dass jemand um die 50 Euro für einen Handyvertrag bezahlt. Alles, was man braucht, kostet doch nur zehn Euro pro Monat oder noch weniger. Da wären schon mal wieder 40 Euro zum Anlegen übrig.

- Abos: Es gibt Zeitschriften, in denen regelmäßig das Gleiche steht, unter anderem tolle Tipps wie »Seien Sie glücklich!«. Brauchen Sie das wirklich? Sonst kündigen Sie die Abonnements, um Geld zum Anlegen freizumachen.

2.2 Sparen leicht gemacht

- Feiertage: Nein, auch an Feiertagen oder zu anderen besonderen Anlässen muss man kein Geld zum Fenster hinausschmeißen. Was an solchen Tagen wirklich zählt, ist das gemütliche Beisammensein, und dazu reicht Sekt statt Champagner oder auch nur eine gute Tasse Kaffee.

- Leihen oder Gebrauchtkauf: Bestimmte Dinge, etwa eine Schleifmaschine, brauchen Sie aller Wahrscheinlichkeit nach nur selten. Können Sie diese von einer verwandten oder befreundeten Person ausleihen? Oder finden Sie diese günstig gebraucht bei Kleinanzeigen? Und klar: Auf der anderen Seite können Sie Dinge, die Sie nicht mehr benötigen, gebraucht verkaufen und damit Ihre Einnahmenseite erhöhen.

- Lebensmittel: Bei Lebensmitteln gilt es natürlich unbedingt, auf die Qualität zu achten, und die hat nun mal ihren Preis. Aber wie viele unnötige Lebensmittel landen im Einkaufskorb oder sogar Produkte, die Ihrer Gesundheit schaden könnten? Und müssen Sie wirklich Wasserflaschen nach Hause schleppen, wo doch Wasser in ähnlicher Qualität megagünstig aus der Leitung fließt? Logisch ist es auch günstiger, selbst zu kochen, statt sich im Restaurant bedienen zu lassen oder auf ungesunde Fertigprodukte zurückzugreifen. Wenn Sie hier das eine oder andere einsparen, können Sie damit sogar Ihre Gesundheit verbessern.

Die Liste könnte noch fortgesetzt werden, aber viele Dinge verstehen sich ja eigentlich von selbst, man muss sich nur darüber Gedanken machen. Gehen Sie doch einmal mit einem Collegeblock durch Ihr Haus oder Ihre Wohnung und notieren Sie sich, wo Sie Einsparpotenziale entdecken!

Nutzen Sie alle sinnvollen Einsparpotenziale, um mehr Geld zum Investieren zusammenzubekommen.

Was ist von Bonusprogrammen zu halten?

Gibt es heute mal wieder fünffach Punkte? Dann nichts wie zum Einkaufen!

Nein, mit Bonusprogrammen können Sie zwar theoretisch das eine oder andere Prozent beim

Einkauf sparen. Aber oftmals kaufen Sie dafür mehr und auch unnötige Dinge, gerade bei Sonderaktionen. Außerdem bezahlen Sie die Centbeträge mit Ihren Daten. Lassen Sie davon also lieber die Finger, auch wenn es verführerisch sein mag.

Wie kann ich Spontankäufe vermeiden?

Spontankäufe sind brandgefährlich. Denn wenn Sie in einer ausgelassenen Stimmung durch die Läden ziehen, sitzt oft auch das Portemonnaie lockerer. Verschieben Sie deshalb ungeplante Käufe. Bei kleineren Dingen, die Sie ansprechen, drehen Sie einfach noch mal eine Runde durch den Laden oder um den Block, bevor Sie zugreifen – oder den Gegenstand schon wieder vergessen haben. Größere Anschaffungen sollten Sie zumindest drei Nächte überschlafen. Und bei ganz großen Anschaffungen, zum Beispiel einem neuen Auto, sollten Sie sich einen ganzen Monat Zeit zum Nachdenken nehmen.

Warum ist ein Notgroschen wichtig?

Eigentlich halte ich wenig vom Sprichwort »Spare in der Zeit, so hast du in der Not«. Denn Sie sollten beim Sparen nicht die Not im Blick haben, sondern die finanziellen Ziele, die Sie verfolgen, also zum Beispiel Ihre finanzielle Freiheit. Wenn hier vom Sparen die Rede ist, dann gehört aber auch der Notgroschen dazu. Dieser dient dazu, unerwartete Situationen zu überbrücken, etwa eine teure Autoreparatur oder einen Jobverlust. Bevor Sie überhaupt über Luxuskäufe nachdenken, sollten Sie einen Notgroschen aufgebaut haben und sicher auf einem gut verzinsten Tagesgeldkonto deponieren. Bei Angestellten wird ein Notgroschen von drei bis sechs Nettomonatsgehältern empfohlen. Bei Selbstständigen darf's auch ein bisschen mehr sein, zum Beispiel ein ganzes Jahreseinkommen. Der Notgroschen zählt zwar auch zu Ihrem Vermögen. Aber er ist noch keine Gans, die goldene Eier legt. Vielmehr handelt es sich um eine Rücklage, auf die Sie im Bedarfsfall jederzeit zurückgreifen können.

Kann ich Vermögen umschichten?

Eventuell haben Sie schon Geld angelegt, aber vielleicht nicht optimal. Hier ein Riester-Vertrag, da eine Kapitallebensversicherung, dort ein Bausparvertrag. Solche Anlageprodukte kosten Sie einen Haufen Gebühren. Oft ist da leider schon das Kind in den Brunnen gefallen. Rechnen Sie für Ihren individuellen Fall selbst durch, ob sich die Kündigung eines Vertrags lohnt, um das Geld anschließend in lukrativere Anlageprodukte zu stecken. Oftmals ist das zu empfehlen, allerdings hängt es auch davon ab, zu welchem Zeitpunkt und zu welchem Zinssatz die Produkte abgeschlossen wurden. Das kann ich Ihnen hier leider nicht pauschal beantworten.

2.3 Wie baue ich meine Schulden ab?

Schulden, gemeint sind hier vor allem die Konsumschulden, sind wie ein Rucksack voller Steine, den man Tag für Tag mit sich herumschleppt – und irgendwann wird er so schwer, dass er einem jede Freude nimmt. Aber keine Sorge, auch hier gibt es einen Ausweg, wenn Sie systematisch und mit einem klaren Plan vorgehen. Wichtig ist: Sie müssen ehrlich zu sich selbst sein und den Tatsachen ins Auge blicken. Verdrängen bringt Sie nicht weiter, sondern sorgt nur dafür, dass der Rucksack immer schwerer wird.

Verschaffen Sie sich im ersten Schritt einen vollständigen Überblick über Ihre Schulden. Nehmen Sie Papier und Stift zur Hand, gehen Sie alle Kontoauszüge, Kreditverträge und Rechnungen durch und schreiben Sie jede einzelne Verbindlichkeit auf. Notieren Sie dazu die jeweilige Höhe, den Zinssatz und die monatliche Rate. So sehen Sie schwarz auf weiß, wo Sie stehen – auch wenn es im ersten Moment Überwindung kosten mag.

Im nächsten Schritt geht es ans Priorisieren. Sortieren Sie Ihre Schulden nach der Höhe des Zinssatzes. Die teuersten Schulden, also die mit den höchsten Zinsen, haben Vorrang. Denn jeder Euro, der hier liegt, kostet Sie Monat für Monat bares Geld. Zahlen Sie also zuerst diese Kredite so schnell wie möglich ab. Man spricht in diesem Zusammenhang auch von der Lawinenmethode.

Überlegen Sie außerdem, ob sich einzelne Schulden möglicherweise zusammenfassen lassen, etwa mit einem günstigen Ratenkredit. Die Banken bieten Umschuldungen an – das kann die Übersicht verbessern und vor allem Zinsen sparen. Aber Vorsicht, prüfen Sie die Konditionen genau und lassen Sie sich nicht zu neuen, unnötigen Krediten verleiten. Ziel ist immer, den Schuldenberg abzutragen, nicht ihn neu zu formen.

Schauen Sie, dass Sie sich von Schulden wieder befreien, denn sie verringern Ihre Lebensqualität erheblich.

Seien Sie nicht frustriert, wenn es länger dauern sollte. Schuldenabbau ist ein Marathon, kein Sprint. Wichtig ist, dass Sie dranbleiben und Rückschläge nicht als Niederlage sehen. Und wenn Sie merken, dass Sie allein nicht weiterkommen, holen Sie sich Unterstützung: Schuldnerberatungen bieten professionelle und kostenlose Hilfe an. Nutzen Sie diese Möglichkeit, bevor der Schuldenberg Sie erdrückt!

Falls es gar nicht anders geht, könnte eine Privatinsolvenz der letzte Ausweg sein. Sie dauert in Deutschland drei Jahre und ist eine echte Durststrecke. Aber danach sind Sie schuldenfrei und können bei null neu starten.

Ihr bester Freund auf Ihrem Weg zur Schuldenfreiheit ist die Selbstdisziplin. Halten Sie Abstand von neuen Ratenkäufen und lassen Sie den teuren Urlaub oder das neue Smartphone erst einmal links liegen. Jeder abgetragene Stein aus Ihrem Schuldenrucksack macht Sie ein Stückchen freier – und irgendwann, da werden Sie ihn ablegen können und ganz befreit durchatmen.

Schließen sich Schuldenabbau und Vermögensaufbau aus?

Die gute Nachricht lautet: Bereits während des Schuldenabbaus können und sollten Sie mit dem Vermögensaufbau beginnen. Würden Sie lediglich Schulden abbauen, hätten Sie nach einem langen Weg nur den Betrag 0 auf dem Konto stehen. Kein sehr motivierendes Ziel, oder?

Verwenden Sie stattdessen nur einen Teil des freien Geldes für den Schuldenabbau, etwa drei Viertel oder auch nur die Hälfte, können Sie den anderen Teil bereits für den Vermögensaufbau nutzen und zusehen, wie Ihr Vermögen wächst. Tun Sie dies aber nur, wenn die Schuldenzinsen nicht deutlich höher sind als die zu erwartende Rendite Ihrer Geldanlagen.

Und klar: Der oben genannte Notgroschen sollte unabhängig vom Schuldenstand aufgebaut werden, denn sonst müssten Sie sich ja bei einer unerwarteten Ausgabe erneut verschulden.

Wie steht es mit Immobiliendarlehen?

Auch Immobiliendarlehen sind Schulden, und auch diese können sich drückend anfühlen. Aber sie sind oft der einzige Weg, um sich den Traum von der eigenen Immobilie zu erfüllen. Außerdem steht diesen Schulden ein Vermögenswert gegenüber, sodass sie nicht mit den Konsumschulden vergleichbar sind. Rechnen Sie eine Immobilienfinanzierung aber ganz genau durch und bleiben Sie bei Quadratmeterzahl und Co. bescheiden.

3

Von Aktie bis Zins: die Grundlagen der Geldanlage

Geldanlage ist »ein weites Feld«, um mit Theodor Fontanes »Effi Briest« mal einen deutschen Klassiker zu zitieren. Allerdings gibt es hier ein Happy End. Zum Schluss heißt es nämlich nicht »arme Effi«, sondern »reiche Effi«. Wenn Sie die in diesem Buch vorgestellten Grundsätze der Geldanlage beachten, werden Sie im Lauf der Jahre und Jahrzehnte ein stattliches Vermögen aufbauen.

Vergleichen Sie Geld am besten mit einem Schmetterling, der von einer Person zur anderen fliegt. Geld ist ständig in Bewegung oder sollte es sein, falls Sie es nicht gerade unter Ihrer Matratze horten. Selbst dann, wenn Sie Geld auf einem Tagesgeldkonto liegen haben, arbeitet es weiter: Es wird von der Bank verliehen und für den Kauf mehr oder weniger nützlicher Dinge eingesetzt. Der Verkäufer dieser Dinge kauft sich ein großes Auto, und der Autohersteller bezahlt seinen Mitarbeitern Löhne, von denen diese dann wieder viele Dinge kaufen und einen Teil sparen können. So oder zumindest so ähnlich funktioniert der Wirtschaftskreislauf.

Selbst dann, wenn Sie weniger für Konsum ausgeben und mehr in Ihren Vermögensaufbau investieren, bleibt das Geld also im Wirtschaftskreislauf. Sie schicken mit Ihrem investierten Geld möglichst viele Geld-Arbeiter los, um Ihr Vermögen zu vermehren. Einige dieser Geld-Arbeiter sind sehr fleißig, gehen allerdings auch größere Risiken ein (etwa an der Börse), andere Geld-Arbeiter sind bequem und liegen den ganzen Tag nur auf einem Tagesgeldkonto herum.

In diesem Kapitel machen Sie sich mit wichtigen Begriffen der Geldanlage vertraut. Dadurch sollen Sie in die Lage versetzt werden, alles selbst in die Hand zu nehmen. Denn, ganz ehrlich, der Berater oder die Beraterin Ihrer Hausbank wird es bestimmt ebenfalls gut mit Ihnen meinen. Aber oft fehlt diesen selbst die echte Anlageerfahrung. Außerdem werden Sie in erster Linie hauseigene, überteuerte Produkte aufgeschwatzt bekommen. Nehmen Sie selbst einen Platz in der Kommandozentrale ein!

Raten Sie an dieser Stelle doch einmal, was in der überwiegenden Mehrheit aller Fälle auf Dauer mehr Rendite bringt: ein teures aktives Anlageprodukt mit hohem Verwaltungsaufwand oder ein preisgünstiges passives Anlageprodukt, das Sie einfach liegenlassen. Sie haben wahrscheinlich richtig geraten: Es ist mit weitem Abstand das passive Anlageprodukt.

Der Amerikaner John Bogle gründete 1974 die Vanguard Group und brachte Ende 1975 den ersten Indexfonds auf den Markt, der seit seinem Bestehen regelmäßig teure aktive Aktienfonds übertrifft. Ein Indexfonds enthält Aktien aus einer bestimmten Region oder aus einem bestimmten Sektor und fasst deren Entwicklung zusammen. Im Zusammenhang mit der Geldanlage muss Qualität also keineswegs teuer sein, wie Sie noch sehen werden.

Was ist überhaupt ein Aktienfonds? Wie funktioniert die Börse? Was ist der Unterschied zwischen einer Investition und einer Spekulation? Welche Rendite können Sie bei einer passiven Geldanlage erwarten? Und wo und wie können Sie solche Anlageprodukte eigentlich kaufen? Antworten auf diese und weitere Fragen zur Geldanlage lesen Sie in diesem Kapitel.

3.1 Geldwerte und Sachwerte – ein wesentlicher Unterschied

Erinnern Sie sich noch, dass ein Big Mac im Jahr 2010 2,99 Euro gekostet hat? Anfang 2026 liegt der Preis bei 6,89 Euro, zumindest bei mir im Ort. Eine Preissteigerung von über 130 % oder, anders ausgedrückt, eine Steigerung um mehr als das 2,3-Fache. Ihr Geld ist heute viel weniger wert als noch 2010.

Aber schauen Sie sich demgegenüber auch einmal die Jahresschlusskurse der McDonald's-Aktie an. Die Aktie wurde Anfang 2010 zu einem Kurs von 43,70 Euro gehandelt. Anfang 2026 lag der Kurs bei 262,30 Euro. Das entspricht einer Kurssteigerung von über 508 %. Die regelmäßigen Dividendenausschüttungen der Aktie sind da noch gar nicht berücksichtigt.

Der Vergleich eines Big Mac mit der McDonald's-Aktie verdeutlicht den Unterschied zwischen Geld- und Sachwerten. Geldwerte sind festverzinsliche Geldanlagen, die vermeintlich sicher sind, die Sie über die Jahre hinweg aber Unmengen an Kaufkraft kosten. Die Inflation frisst die geringen Zinsen auf und mehr als das, zumal die tatsächliche Inflationsrate deutlich höher liegen dürfte als die offiziellen Meldungen wiedergeben. Denn was nützt es Ihnen, dass die TV-Geräte immer billiger werden, wenn Sie sich doch nur alle zehn Jahre ein Gerät anschaffen?

Sachwerte hingegen sind Werte, die Sie für Geld kaufen und die auch einen bestimmten Geldwert haben. Dieser Geldwert wird jedoch regelmäßig am Markt neu ausgehandelt. Der Wert kann steigen und fallen. Bei hochwertigen Sachwertanlagen sollte der Kaufkraftverlust deutlich überwunden, also die Inflation geschlagen werden. Zu den Sachwertanlagen zählen Aktien und Aktienfonds, mit denen Sie sich an Unternehmen beteiligen. Dazu zählen aber auch Edelmetalle und weitere wertvolle Gegenstände. Wir kommen noch mal dazu. Die Aktien und Aktienfonds, die uns interessieren, werden an der Börse gehandelt.

Wie funktioniert die Börse?

Stellen Sie sich die Börse wie einen riesigen Marktplatz vor, auf dem nicht Äpfel oder Brot, sondern Anteile an Unternehmen – eben die sogenannten Aktien – gehandelt werden. Wenn Sie eine Aktie kaufen, erwerben Sie gewissermaßen einen kleinen Teil dieses Unternehmens. Der Preis einer Aktie entsteht durch Angebot und Nachfrage: Gibt es viele Personen, die eine bestimmte Aktie haben möchten, steigt der Preis. Wollen viele die Aktie loswerden, fällt er.

Die Börse selbst ist dabei nur die Plattform, auf der diese Geschäfte abgewickelt werden. Früher fand das Ganze oft in großen Handelssälen statt, heute läuft der Handel hauptsächlich digital ab. Große Börsen wie die Frankfurter Börse oder die New Yorker Börse sorgen dafür, dass alles nach festen Regeln abläuft und die Geschäfte sicher abgewickelt werden.

Sie fragen sich vielleicht, warum Unternehmen überhaupt Aktien ausgeben. Ganz einfach: Sie benötigen Geld, um zu wachsen, neue Produkte zu entwickeln oder in andere Länder zu expandieren. Anstatt einen Kredit bei der Bank aufzunehmen, können Unternehmen an die Börse gehen und Aktien ausgeben. Jeder kann nun diese Aktien kaufen und wird dadurch zum Miteigentümer bzw. zur Miteigentümerin des Unternehmens.

Von einer Aktie profitieren Sie auf zwei Arten: Erstens können Sie eine Dividende erhalten, das ist ein Teil des Gewinns, den das Unternehmen ausschüttet. Zweitens können Sie die Aktie später vielleicht teurer verkaufen, wenn das Unternehmen erfolgreich ist und der Aktienkurs steigt. Natürlich kann der Kurs aber auch fallen – es gibt also Chancen, aber auch Risiken.

Die Börse ist jedoch nicht nur für Aktien da. Auch andere Wertpapiere wie Anleihen (das sind im Prinzip Schuldscheine von Staaten oder Unternehmen), Fonds und sogar Rohstoffe werden dort gehandelt.

Wie unterscheiden sich Spekulation und Investition?

Machen Sie sich von vornherein einen wichtigen Unterschied zwischen Spekulation und Investition klar. Bei einer Spekulation kaufen Sie ein Anlageprodukt in der Hoffnung, es später teurer verkaufen zu können. Sie könnten zum Beispiel ein Aktienpaket für 1.000 Euro erwerben. Eine Woche später könnte es 1.100 Euro wert sein – Glück gehabt! Oder es könnte nur noch 900 Euro wert sein – Pech gehabt! Da sich die Kurse nicht voraussagen lassen, ähnelt die Spekulation einem Glücksspiel.

Die Investition hingegen ist eine langfristige Anlage, bei der Sie auf Dauer davon ausgehen, dass eine regelmäßige Rendite herausspringt. Betrachten Sie dazu die Entwicklung des MSCI World. Hierbei handelt es sich um einen Aktienindex, der die Entwicklung der Aktienkurse in den Industrienationen umfasst. Als Startpunkt des Index wurde der 31. Dezember 1969 festgelegt und als Indexwert 100. Der Tabelle können Sie die grobe Entwicklung entnehmen. Sie sehen, dass sich der Wert von 1969 bis 2025 versiebenunddreißigfacht hat. Dabei ist zu beachten, dass der Wert des MSCI World in US-Dollar notiert wird und Wechselkursschwankungen nicht berücksichtigt wurden. Sie können das also nicht eins zu eins in Euro umrechnen.

Dennoch: Die Tendenz ist klar. Der MSCI World zeigt über einen sehr langen Zeitraum eine positive Entwicklung. Legen Sie Ihr Geld langfristig im MSCI World an, ist das also eine Investition und keine Spekulation. Und ja: Der MSCI World ist trotz aller Crashs und Krisen, die es in all den Jahrzehnten gab, so hoch gestiegen.

Jahr	Indexstand
1969	100
1980	159
1990	462
2000	1.221
2010	1.280
2020	2.690
2025	3.772

3.1 Geldwerte und Sachwerte – ein wesentlicher Unterschied

Wie Sie der Tabelle ebenfalls entnehmen können, ist die Börse keineswegs Teufelszeug, sondern Sie können dort mit Geduld und Coolness eine hohe Rendite erzielen. Zu jammern haben nur solche Anleger, die zum Tiefpunkt eines Crashs ihre Aktien verkaufen oder mit den völlig falschen Einzelaktien spekulieren. Das kann zwar manchmal gut gehen, gerade in Zeiten eines Börsenaufschwungs, aber selbst kleine Fehler können die Rendite killen. Das sollte besser nicht Ihr Weg sein.

Wie kann ich selbst an der Börse investieren?

Wenn Sie selbst an der Börse investieren möchten, brauchen Sie ein Depot, das ist so etwas wie ein digitales Schließfach für Wertpapiere, das Sie bei einer Bank oder einem Onlinebroker eröffnen können. Ihre Hausbank wäre dafür wahrscheinlich eine zu teure Wahl. Es können dort regelmäßige Depotgebühren und hohe Ausführungsgebühren anfallen.

Bei einem sogenannten Neobroker gibt es ein Depot zum Nulltarif und auch beim Handeln von Wertpapieren fallen gar keine oder nur sehr geringe Gebühren an. Dafür haben Sie allerdings keine Kontaktperson, sondern können bei Problemen meist nur eine E-Mail schreiben, auf die Sie dann einige Tage später eine Antwort erhalten. Das Depot ist aber keine Entscheidung fürs Leben, sondern Sie können mit einem Depot später auch zu einem anderen Anbieter »umziehen«, und natürlich ist es auch möglich, mehrere Depots zu führen, um Geldanlagen voneinander zu trennen. Im Anhang finden Sie nützliche Webadressen, unter anderem für den Vergleich von Depotanbietern.

Wie kaufe ich an der Börse Wertpapiere?

Der Handel an der Börse läuft meistens nach dem gleichen Schema ab: Sie geben über Ihre Bank oder Ihren Broker einen Kauf- oder Verkaufsauftrag auf. Dieser Auftrag wird dann an die Börse weitergeleitet. Sobald jemand das Wertpapier zu dem von Ihnen gesetzten Limit kaufen oder verkaufen möchte, wird das Geschäft abgeschlossen. Mithilfe eines Sparplans lassen sich regelmäßige Käufe an der Börse automatisieren.

Der Börsenhandel unterliegt Schwankungen. Der Wert von Aktien kann von Tag zu Tag oder sogar von Minute zu Minute steigen oder fallen. Bei einem Sparplan gleicht sich das mit der Zeit nach oben und unten aus. Langfristig hat sich gezeigt, dass ein breit gestreutes Investment in Aktien (insbesondere über Indexfonds) die beste Möglichkeit ist, ein Vermögen aufzubauen – vorausgesetzt, Sie bleiben geduldig und lassen sich von den üblichen Kursschwankungen nicht nervös machen.

In einem »Bullenmarkt« steigen die Kurse über einen längeren Zeitraum; er wechselt sich oft mit einem »Bärenmarkt« ab, in dem die Kurse fallen – aber eben nicht so stark, wie sie zuvor gestiegen sind.

Was versteht man unter Immobilien?

Neben Aktien sind auch Immobilien eine beliebte Form der Sachwertanlage. Immobilien bieten – wie Aktien – nicht nur Schutz vor Inflation, sondern ermöglichen auch langfristigen Vermögensaufbau und regelmäßige Einnahmen. Immobilien sind Grundstücke oder Gebäude, die entweder privat oder gewerblich genutzt werden können. Als Geldanlage werden sie gekauft, um Wertsteigerungen zu erzielen und laufende Einnahmen zu generieren, typischerweise durch Vermietung.

Es gab in der Vergangenheit einige Perioden, in denen mit Immobilien hohe Renditen erzielt werden konnten. Im langjährigen Durchschnitt liegen sie jedoch weit hinter den Aktien zurück. Dennoch sind Immobilien ein legitimes Investment, das folgende Vorteile bietet:

- Sie können die Immobilie vor Ort sehen und greifen. Das schafft im Vergleich zur Aktie, die Sie lediglich als Buchwert sehen, mehr Vertrauen.
- Auch Immobilienpreise schwanken im Wert, aber Sie sehen diese Schwankungen nicht im Minutentakt, wie es bei Aktien der Fall ist.
- Sie können mit Immobilien ein festes monatliches Einkommen in Form von Mieteinnahmen erzielen – solange der Mieter oder die Mieterin pünktlich bezahlt.
- Wenn Sie eine Immobilie als Privatperson nach Ablauf von zehn Jahren verkaufen, ist der Gewinn steuerfrei. Wenn Sie die Immobilie durchgehend selbst genutzt haben, entfällt diese sogenannte Spekulationsfrist komplett.
- Sie können einen Immobilienkauf mit Fremdkapital finanzieren und haben so einen Hebel in der Hand, um mehr Geld zu investieren, als Sie eigentlich haben.

Im Idealfall verdienen Sie mit einer Immobilie nicht nur durch Vermietung, sondern auch durch eine künftige Wertsteigerung, die zumindest den jährlichen Kaufkraftverlust abdecken sollte.

Zudem lassen sich bei vermieteten Immobilien verschiedene Steuervorteile nutzen, etwa Abschreibungen oder die Kosten für eine Renovierung.

3.1 Geldwerte und Sachwerte – ein wesentlicher Unterschied

Haben Immobilien auch Nachteile?

Natürlich haben Immobilien auch einige Nachteile. Zuvorderst stellen sie ein riesiges Klumpenrisiko dar, da wohl ein Großteil Ihres Geldes drinsteckt. Aber was, wenn es mit dem Viertel bergab geht? Dann kann der Wert einer Immobilie durchaus auch sinken, der Pfeil kann auch bei Immobilien nach unten weisen.

Mit der Inflation steigen außerdem nicht nur die Immobilienpreise, sondern auch die Instandhaltung wird teurer. Oft können Sie die Miete nicht in dieser Höhe anpassen. Die Rendite verringert sich. Hinzu können Leerstand und unerwartete Reparaturen kommen. Im schlimmsten Fall sucht Sie ein Mietnomade heim, sodass Sie eine Wohnung über Jahre nicht mehr vermieten können.

Wenn Sie sich für eine Investition in eine oder mehrere Immobilien entscheiden, sollten Sie auch die hohen Einstandskosten bedenken. Die Nebenkosten bei einem Immobilienkauf (Grunderwerbsteuer, Maklergebühren, Notarkosten usw.) betragen in der Regel 10 % oder sogar noch mehr, und dieses Geld will erst mal wieder reingeholt werden.

Schließlich ist das Geld bei einer Immobilie langfristig gebunden, wobei das Vorteil und Nachteil zugleich sein kann. Sie wollen ja langfristig investieren, und bei Immobilien haben Sie gar keine andere Wahl. Aktien und Aktienfonds hingegen lassen sich fast täglich an der Börse handeln.

Bedenken Sie auch, dass Sie eine Immobilie nur insgesamt veräußern können und keine Anteile. Bei Aktien und Aktienfonds ist das viel einfacher möglich, je nachdem, welchen Betrag Sie benötigen, etwa um sich später selbst eine monatliche Rente auszubezahlen.

Wie investiere ich in Immobilien?

Der klassische Weg ist der Direktkauf einer Immobilie, etwa einer Eigentumswohnung oder eines Hauses. Achten Sie darauf, dass die Immobilie nicht zu weit entfernt liegt und dass es sich um ein Objekt handelt, das für seriöse Mieterinnen und Mieter attraktiv ist. Um es kurz zu sagen: Lage, Lage, Lage!

Wenn Sie eine Immobilie zur Selbstnutzung oder zur Vermietung kaufen möchten, sollten Sie den Immobilienmarkt erst einmal in Ruhe beobachten, um sich einen Überblick über die Preise zu verschaffen. Abhängig von der Marktphase, können die Angebotspreise den Preisen entsprechen, die dann tatsächlich erzielt werden. In schwächeren Marktphasen lassen sich Immobilienpreise aber in der Regel noch herunterhandeln.

Bevor Sie sich auf ein Angebot melden, sollte bereits klar sein, wie Sie die Immobilie finanzieren. Möchten Sie das Objekt komplett eigenfinanzieren oder benötigen Sie ein Bankdarlehen? Dann sprechen Sie erst mit der finanzierenden Bank, um in Erfahrung zu bringen, was möglich ist. Wollen Sie die Immobilie mit der eingenommenen Miete abbezahlen, müssen Sie das genau durchkalkulieren und unter anderem die Instandhaltungskosten sowie auch die steuerlichen Aspekte berücksichtigen. Denn auf Mieteinnahmen wird Einkommensteuer fällig.

Seien Sie bei der Besichtigung der Immobilie besonders gründlich und nehmen Sie am besten eine Fachperson mit, um sich keinen sanierungsbedürftigen Klotz ans Bein zu binden. Auch dann, wenn Sie nicht der einzige Interessent oder die einzige Interessentin sind, sollten Sie nicht schnell zuschlagen, sondern noch einmal gründlich über den Kauf nachdenken. Werden Sie sich mit dem Makler oder Verkäufer einig, wird ein Notartermin vereinbart. Es kann dann aber immer noch einige Wochen oder sogar Monate dauern, bis die Immobilie übergeben wird.

Bei einem Immobilienkauf ergeben sich in der Regel die folgenden Kosten, wobei es aber auch Ausnahmen gibt. Bei einem Verkauf von privat zu privat etwa entfallen die Maklergebühren. Aber meistens bezahlen Sie folgende Nebenkosten:

- Grunderwerbsteuer: Diese ist von Bundesland zu Bundesland unterschiedlich. Während sie sich Anfang 2026 in Bayern auf 3,5 % des Kaufpreises belief, waren es in den anderen Bundesländern zwischen 5,0 % und 6,5 %.

- Maklergebühr: Auch die Maklergebühr ist nicht immer gleich, in den meisten Fällen übernehmen die verkaufende und die kaufende Partei jeweils einen Anteil von 3,57 % des Kaufpreises. Das ist aber nicht in Stein gemeißelt.

- Notar- und Gerichtskosten: Für die Beurkundung auf dem Notariat und den Eintrag ins Grundbuch werden noch mal ca. 1,5 % des Kaufpreises fällig.

Der Kauf einer Immobilie will gut überlegt, geplant und vor allem durchfinanziert sein.

3.1 Geldwerte und Sachwerte – ein wesentlicher Unterschied

Rechnen Sie also im Durchschnitt mit mindestens 10 % Nebenkosten, die Sie zum Kaufpreis dazurechnen müssen. Hinzu können noch weitere kleinere Nebenkosten und zum Beispiel auch Modernisierungskosten kommen. Das zeigt noch einmal, dass der Kauf einer Immobilie meist nur bei einer langfristigen Bindung Sinn ergibt.

Ferienimmobilien sollten Sie meiden, denn diese sind kein sinnvolles Investment und vermutlich etwas, das Sie nach einiger Zeit bereuen werden. Auch von alternativen Anlagemöglichkeiten wie Immobilienfonds oder sogenannten REITs (**R**eal **E**state **I**nvestment **T**rusts) würde ich abraten, es sei denn, Sie wollen auch bei einem geringeren Vermögen einen Immobilienanteil drinhaben. Bei Immobilienfonds und REITs bleiben jedoch einige der Vorteile der Immobilieninvestition auf der Strecke, während Sie zusätzliche Risiken eingehen, etwa bei Immobilienfonds mögliche Bewertungskorrekturen und Liquiditätsengpässe oder bei REITs das Schwankungsrisiko an der Börse.

Welche Sachwerte gibt es noch?

Gold und Silber gehören ebenfalls zu den klassischen Sachwerten. Diese können Sie direkt kaufen oder ebenfalls über die Börse – so wie alle möglichen anderen Rohstoffe. Das machen Sie, wenn Sie mitfiebern wollen, ob ein Rohstoffpreis steigt oder fällt, wenn Sie also spekulieren möchten.

Speziell Gold gilt als solide Beimischung. Von einigen Expertinnen und Experten wird empfohlen, einen Vermögensanteil von bis zu 10 % in Gold zu halten. Das bringt zwar keine direkte Rendite, aber auf lange Sicht zumindest einen Inflationsausgleich.

Wenn Sie Gold kaufen, haben Sie Opportunitätskosten. Denn das Geld, für das Sie Gold kaufen, können Sie nicht mehr in lukrativere Anlageprodukte stecken. Kommt es jedoch zu einem großen Zusammenbruch unseres Wirtschaftssystems oder unserer Zivilisation, können Sie sich für das Gold zumindest noch etwas Brot kaufen. Wie viel Gold Sie Ihren Vermögensanlagen beimischen sollten, richtet sich also auch nach Ihrem Blick auf die Zukunft.

Es gibt noch andere Sachwerte, die jedoch viel Spezialwissen und erheblichen Pflegeaufwand erfordern. Hierzu zählen Oldtimer, Kunstwerke, Uhren, Antiquitäten, Briefmarken, Musikinstrumente, Spirituosen und was die Welt noch an Luxus hervorgebracht hat. Das Problem bei diesen Sachwerten besteht darin, dass der Verkauf sich sehr schwierig und langwierig gestalten dürfte, zum Beispiel müssten Sie eine alte Stradivari wohl in einem angesehenen Auktionshaus anbieten.

3.2 Beim Investieren diversifizieren

Setzen Sie beim Investieren niemals alles auf eine Karte, sondern diversifizieren Sie! Diversifikation ist einer der wichtigsten Grundsätze bei der Geldanlage. Wer sein Geld auf verschiedene Anlageklassen, Branchen und Regionen verteilt, verringert sein Risiko deutlich. Der Grundgedanke ist einfach: Wenn eine Investition an Wert verliert, können andere im Portfolio diesen Verlust zumindest teilweise ausgleichen. Man spricht dabei auch von einer Risikostreuung.

Das Gegenteil von Diversifikation ist das Klumpenrisiko. Kaufen Sie zum Beispiel nur Aktien von deutschen Versicherungsgesellschaften, erhöhen Sie Ihr Risiko deutlich, egal, wie attraktiv die Anlage beim Investitionszeitpunkt erscheinen mag. Kaufen Sie stattdessen Aktien aus allen möglichen Branchen und Regionen, wird das Risiko Ihrer Aktienanlagen gestreut. Bei Aktien sind breit gestreute ETFs (siehe Seite 49) ein probates Mittel. Sie brauchen sich dann über Einzelaktien gar keine Gedanken zu machen. Wichtig ist es aber auch, über mehrere Anlageklassen hinweg zu streuen.

Verteilen Sie Ihr Vermögen auf mehrere Anlageformen. Neben klassischen Anlageklassen wie Aktien, Immobilien und Edelmetallen zählen auch Anleihen, Rohstoffe oder Tages- und Festgeld dazu. Jede Anlageklasse reagiert unterschiedlich auf wirtschaftliche Entwicklungen, politische Ereignisse oder Krisen. Während Aktien in Wachstumsphasen oft stark steigen, können sie in Krisenzeiten deutlich an Wert verlieren – hier kann beispielsweise Gold als »sicherer Hafen« stabilisierend wirken.

Diversifikation heißt nun aber nicht, blind möglichst viele verschiedene Anlagen zu wählen. Entscheidend ist, dass die ausgewählten Anlagen möglichst unabhängig voneinander sind und sich nicht immer gleich entwickeln. So entsteht ein ausgewogenes Portfolio, das sowohl Chancen bietet als auch vor größeren Verlusten schützt. Besonders in unsicheren Zeiten zahlt sich diese Strategie aus: Wer breit gestreut investiert, bleibt flexibler und kann Schwankungen an den Märkten besser aussitzen. Gleichzeitig verringert sich das Risiko, bei einer Fehlentscheidung das gesamte Vermögen zu gefährden.

Die passende Diversifikation hängt von Ihren persönlichen Zielen, Ihrer Risikobereitschaft und Ihrem Anlagehorizont ab. In jedem Fall sorgt ein breit aufgestelltes Portfolio für mehr Sicherheit und Stabilität auf dem Weg zu einem stattlichen Vermögen und schützt besser vor unangenehmen Überraschungen.

3.2 Beim Investieren diversifizieren

Welche verschiedenen Anlageklassen gibt es?

Die wichtigsten Anlageklassen wurden in diesem Buch bereits erwähnt. Doch lassen Sie uns diese einmal in einem Überblick betrachten und im Hinblick auf ihr Risiko bewerten.

- **Tages- und Festgeld:** Tagesgeld und Festgeld bieten Ihnen sehr hohe vermeintliche Sicherheit, werfen jedoch kaum Rendite ab. Sie eignen sich vor allem für kurzfristige Anlagen oder als Liquiditätsreserve, liefern aber kaum Zuwachs für den Vermögensaufbau. Bei deutschen Banken sind 100.000 Euro staatlich abgesichert – pro Bank. Hinzu kommt bei vielen deutschen Banken eine eventuelle erweiterte Einlagensicherung durch einen Einlagensicherungsfonds.

- **Anleihen:** Anleihen – auch Rentenpapiere genannt – sind festverzinsliche Wertpapiere, die als sicherer gelten als Aktien, jedoch ebenfalls im Kurs schwanken können. Sie bieten regelmäßige Zinszahlungen, sind aber bei niedrigen Zinsen weniger attraktiv. Staatsanleihen großer Industrienationen gelten als besonders sicher. Unternehmensanleihen bieten oft höhere Renditen, beinhalten aber auch mehr Risiko.

- **Aktien:** Aktien sind Unternehmensanteile und gelten als klassische Anlageform mit hoher Renditechance, aber auch entsprechendem Risiko. Sie reagieren sensibel auf wirtschaftliche und politische Entwicklungen. In Wachstumsphasen können sie stark steigen, in Krisenzeiten sind jedoch deutliche Verluste möglich. Mit breit gestreuten ETFs lässt sich das Risiko reduzieren.

- **Immobilien:** Immobilien bieten Stabilität und sind besonders als langfristige Anlage beliebt. Sie schützen vor Inflation und können durch Mieteinnahmen regelmäßige Erträge liefern. Allerdings erfordern Direktinvestitionen einen hohen Kapitaleinsatz und Pflegeaufwand, das Klumpenrisiko ist hoch.

- **Edelmetalle:** Edelmetalle, insbesondere Gold, gelten als sicherer Hafen, vor allem in unsicheren Zeiten. Sie bieten Schutz vor großen wirtschaftlichen Zusammenbrüchen, sind aber mit Opportunitätskosten verbunden, da sie keine laufenden Erträge abwerfen. Die Beimischung von Gold sollte daher gut überlegt und auf die eigene Zukunftserwartung abgestimmt werden.

- **Rohstoffe:** Edelmetalle können auch zu den Rohstoffen gezählt werden. Weitere Rohstoffe wie Öl, Gas oder Agrarprodukte ermöglichen Beteiligungen an globalen Wirtschaftsprozessen. Sie unterliegen starken Preisschwankungen und sind daher eher als Ergänzung im Portfolio geeignet. Rohstofffonds vereinfachen den Zugang und die Streuung.

- **Alternative Sachwerte:** Zu den alternativen Sachwerten zählen Oldtimer, Kunstwerke, Uhren, Schmuck, Antiquitäten, Briefmarken und Spirituosen. Sie bieten teils hohe Wertsteigerungschancen, verlangen jedoch viel Spezialwissen sowie Pflegeaufwand und sind schwer zu verkaufen. Ihr Anteil im Portfolio sollte daher überschaubar bleiben.

- **Kryptowährungen:** Kryptowährungen wie Bitcoin oder Ethereum gelten als hochspekulative Anlageklasse mit enormen Kursschwankungen. Ihr Potenzial für hohe Renditen ist groß, jedoch sind Risiken wie Regulierung, Hackerangriffe oder technologische Veränderungen nicht zu unterschätzen. Für Einsteiger empfiehlt sich allenfalls eine sehr begrenzte Beimischung, da Verluste jederzeit möglich sind und ein Totalverlust nicht ausgeschlossen werden kann.

Diversifikation wird desto wichtiger, je größer Ihr Vermögen ist und je älter Sie sind. Fangen Sie gerade erst mit dem Investieren an und haben noch mehrere Jahrzehnte des Investierens vor sich, kann hingegen ein Mix zum Beispiel aus Tagesgeld und einem weltweiten Aktien-ETF bereits ausreichen. Diesem Thema widmen wir uns noch in Kapitel 4, wo es um die Portfolio-Zusammensetzung geht.

Gold kann einem Anlageportfolio beigemischt werden, damit Sie auch in Krisenzeiten gut schlafen.

Moment, bitte die Abkürzung ETF näher erklären!

Die Abkürzung ETF steht für **E**xchange-**T**raded **F**und. Es handelt sich um einen Fonds, der an der Börse gehandelt wird. Das ermöglicht flexible Handelsmöglichkeiten. Im Kern handelt es sich dabei um ein Anlageprodukt, das einen bestimmten Index – zum Beispiel den DAX oder den MSCI World – nachbildet. Das bedeutet: Ein ETF investiert in diejenigen Wertpapiere, die auch im zugrunde liegenden Index enthalten sind. Ziel ist es nicht, besser als der Index abzuschneiden, sondern ihn möglichst exakt abzubilden. Dadurch schwankt der Wert des ETFs in etwa so wie der jeweilige Index, und es gibt keine Überraschungen durch das aktive Handeln eines Fondsmanagers.

Weil kein Team von Experten ständig Anlageentscheidungen trifft, fallen die laufenden Kosten meist deutlich geringer aus. Die jährlichen Verwaltungsgebühren liegen meistens unter 0,5 % oder noch deutlich niedriger.

Die breite Streuung eines ETFs sorgt dafür, dass bereits mit kleinen Beträgen in viele verschiedene Unternehmen investiert werden kann – je nachdem, wie groß und international der abgebildete Index ist, kann man so mit einem einzigen Produkt an Hunderten oder sogar Tausenden von Firmen beteiligt sein. Das reduziert das Risiko im Vergleich zum Kauf einzelner Aktien erheblich. Ein weiterer Vorteil: ETFs sind transparent und nachvollziehbar. Anleger können jederzeit überprüfen, wie sich der zugrunde liegende Index entwickelt und was genau im eigenen Depot liegt. Allerdings bedeutet die Nachbildung des Index auch, dass Verluste in schwachen Marktphasen nicht vermieden werden können. ETFs eignen sich daher besonders für langfristige Anleger, die auf den Durchschnittsertrag des Marktes setzen und bereit sind, zwischenzeitliche Schwankungen auszuhalten. Sie sind eine einfache Möglichkeit, mit wenig Aufwand und Kosten eine breite Diversifikation im Depot zu erreichen.

3.2 Beim Investieren diversifizieren

Und was sind Fonds?

Fonds ist der Oberbegriff für Anlageprodukte, die Wertpapiere der verschiedensten Art enthalten bzw. – zum Beispiel im Fall von Immobilienfonds – direkt Sachwerte. Besonders bekannt sind die Aktienfonds, aber auch gemischte Fonds, die beispielsweise Aktien und Anleihen enthalten. Es gibt gemanagte Fonds, die relativ teuer sind, sowie die günstigen Indexfonds und ETFs, die einen passiven Ansatz verfolgen. Was liefert mehr Rendite? In den allermeisten der passive Ansatz nach dem Kaufen-und-halten-Prinzip (= »Buy and Hold«).

Ich habe von Dachfonds gehört – was ist das?

Sogenannte Dachfonds sind Fonds, die in unterschiedliche Fonds investieren, also diese unter ein Dach bringen. Das klingt clever, oder? Allerdings fressen die Gebühren solcher Dachfonds einen großen Teil der Rendite auf, weshalb sie nur in Ausnahmefällen und nach genauester Prüfung der Kostenseite zu empfehlen sind.

Wie wirkt sich der Zinseszinseffekt aus?

Je mehr Sie diversifizieren, desto kniffliger wird es, eine langfristige Durchschnittsrendite zu berechnen. Ein vernünftiger Vermögensmix könnte zum Beispiel 4 % Rendite pro Jahr abwerfen. Inflation, Steuer und Kursschwankungen bleiben bei dieser Berechnung einmal unberücksichtigt. Außerdem sprechen wir von Zinsen, obwohl nicht jede Anlageklasse Zinsen abwirft, sondern andere Formen der Rendite.

Angenommen, Sie haben 100.000 Euro investiert. Dann beträgt Ihr Vermögen nach einem Jahr 104.000 Euro. Und nach zwei Jahren? Richtig, es sind dann nicht 108.000 Euro, sondern 108.160 Euro. Denn auch die Zinsen werden verzinst. Das ist nach einem Jahr noch nicht beeindruckend. Aber wie sieht es nach 40 Jahren aus? Nach diesem langen Zeitraum ergibt sich eine Summe von 480.102 Euro.

Das klingt schon mal ganz gut – wenn bloß die Inflation nicht wäre. Also vielleicht doch lieber mehr in Aktien investieren? Mit einer simplen Investition in einen MSCI-World-ETF konnten Sie in der Vergangenheit um die 7 % Rendite pro Jahr erzielen. Bei einem solchen »Zinssatz« würden aus Ihren 100.000 Euro nach 40 Jahren satte 1.497.446 Euro werden, also knapp 1,5 Millionen.

Andere Quellen rechnen anders und trauen dem MSCI World sogar 9 % Durchschnittsrendite pro Jahr zu. Wie sähe Ihr Vermögen von 100.000 Euro dann nach 40 Jahren aus? Die zwei Prozentpunkte mehr würden Ihr Vermögen noch mal verdoppeln. Es beliefe sich nach diesem Zeitraum auf 3.140.942 Euro. Das würde dann auch recht nah an die in Abschnitt 3.1 vorgestellte Indexentwicklung kommen.

Aber warum gibt es überhaupt unterschiedliche Angaben zur Durchschnittsrendite des MSCI World? Nun, das richtet sich unter anderem nach dem Betrachtungszeitraum und der Währung, in der gerechnet wird. Er wird in US-Dollar notiert, und wenn Sie die Rendite zum Beispiel in Euro berechnen, müssen Sie zusätzlich die Kursschwankungen zwischen den Währungen berücksichtigen.

Falls Sie ein wenig träumen möchten: Der amerikanische Technologieindex Nasdaq hat es in der Vergangenheit auf eine durchschnittliche Rendite von 14 % gebracht. Es ist aber wichtig zu wissen, dass das in Zukunft nicht mehr so sein muss! Aber was wäre, wenn? Dann würden aus Ihren 100.000 Euro nach 40 Jahren – halten Sie sich fest! – 18.888.351 Euro werden.

Lassen Sie uns noch eine weitere Berechnung durchführen. Wären Sie ein Warren Buffett und könnten in den 40 Jahren eine Durchschnittsrendite von 20 % erzielen. Wie viel Geld hätten Sie dann aus Ihren 100.000 Euro gemacht? Es ist eine unglaubliche Summe von 146.977.157 Euro.

Diese Rechenbeispiele sollen Ihnen die Macht des Zinseszinses vor Augen führen. Der Zinseszins wirkt sich desto mehr aus, je länger Sie Ihr Geld anlegen. Würden Sie Ihr Geld bei 20 % Rendite noch zehn Jahre länger für sich arbeiten lassen, wären Sie schon beinahe Milliardär. Solche hohen Renditen sind allerdings auf Dauer kaum zu erzielen, und niemals ohne entsprechende Risiken, das muss schon auch gesagt werden.

Der Zinseszinseffekt kann Sie über die Jahrzehnte richtig reich machen, und schon auf dem Weg zum großen Vermögen werden Sie immer wohlhabender.

3.2 Beim Investieren diversifizieren

Nach welcher Zeit verdoppelt sich mein Kapital?

Wenn Sie sich fragen, nach welcher Zeit sich Ihr Vermögen bei einem bestimmten Zinssatz verdoppelt, verwenden Sie auf die Schnelle die 72er-Regel. Sie ist nicht ganz exakt, aber das sind Ihre Renditevorhersagen schließlich auch nicht.

Sie rechnen:

72 / Zins = Jahre bis zur Verdopplung

Wann werden Sie bei einer Rendite von 4 % jährlich Ihr Vermögen von 100.000 Euro verdoppeln?

72 / 4 = 18

Bei einer Durchschnittsrendite von 4 % jährlich dauert es rund 18 Jahre, bis sich das Kapital verdoppelt. Bei einer Durchschnittsrendite von 7 % würde es hingegen nur rund zehn Jahre dauern. Könnten Sie eine Durchschnittsrendite von 9 % erzielen, wären es lediglich etwa acht Jahre bis zur Verdopplung.

Aber ein Aktien-ETF wirft doch keine Zinsen ab?

Wie schon geschrieben, kann das Wort »Zinsen« nicht wirklich auf einen Aktien-ETF angewendet werden. Seine Rendite setzt sich aus Kursgewinnen und Ausschüttungen zusammen, und diese belaufen sich eben auf einen bestimmten Prozentsatz, der mit Zinsen verglichen werden kann. Die Rendite unterscheidet sich aber von Jahr zu Jahr. Um beim Beispiel MSCI World zu bleiben: Im Jahr 1986 erzielte dieser eine Rekordrendite von 42,8 % in einem einzigen Jahr, dafür sackte er 2008 während der Weltfinanzkrise um -40,7 % ab. Die durchschnittliche Rendite kann deshalb bei einem Aktien-ETF nur rückwirkend berechnet werden, während Sie diese bei festverzinslichen Anlageprodukten im Voraus kennen.

Selbst ernannte Propheten verkünden jedes Jahr einen Crash; doch wenn es wirklich mal wieder so weit sein sollte: keine Panik!

ETF

4

So stellen Sie das für Sie passende Portfolio zusammen

Nachdem Sie in den vorangegangenen Kapiteln Ihr Risikoprofil erstellt haben sowie die verschiedenen Anlageklassen und die Wichtigkeit der Diversifikation kennengelernt haben, können Sie nun darangehen, Ihr individuelles Anlageportfolio auszuknobeln. Das Wort Portfolio ist in diesem Zusammenhang einfach als die Zusammensetzung Ihrer verschiedenen Vermögenswerte zu verstehen.

Mit Ausnahme des Notgroschens legen Sie Ihrem Anlageportfolio stets Prozente zugrunde, keine absoluten Beträge. Steigt eine Anlageklasse in einem Jahr stärker als andere, könnten Sie ein sogenanntes Rebalancing in Erwägung ziehen, um das prozentuale Verhältnis wiederherzustellen. Sie würden dazu Anteile der stark gelaufenen Anlageklasse verkaufen und das Geld dann in die weniger stark gelaufene Anlageklasse investieren. Dabei sind aber unbedingt auch steuerliche Gesichtspunkte zu beachten, ein Rebalancing empfiehlt sich nicht in jedem Fall!

Bei der Zusammenstellung Ihres Anlageportfolios sollten Sie unbedingt darauf achten, dass Sie nicht zu viele Anlageprodukte verwenden, um nicht den Überblick zu verlieren. Investieren Sie außerdem nur in solche Anlageprodukte, die Sie verstehen. Es sollte sich um tatsächliche Geld- und Sachwerte handeln, die Ihnen gehören. Von Zertifikaten und Ähnlichem halten Sie besser Abstand, zumindest anfangs.

Es existieren für die Geldanlage verschiedene Faustregeln. Eine davon lautet: Der Aktienanteil in Prozent sollte etwa 110 minus Ihr Alter betragen. Bei einer 30-jährigen Person läge der optimale Aktienanteil demnach bei 80 %, bei einer 50-jährigen Person bei 60 % und bei einer 70-jährigen Person bei 40 %. Diese Faustregel hat zwar etwas für sich, allerdings sollten Sie Ihre Anlageentscheidungen so treffen, dass Sie sich damit wohlfühlen und dass es Ihrem Risikoprofil entspricht. Nicht jeder hält die zum Teil erheblichen Schwankungen am Aktienmarkt aus.

Mit den Empfehlungen, die Sie in diesem Buch erhalten, soll das Investieren kinderleicht sein. Sie können sich auf ganz wenige Anlageprodukte beschränken und dennoch diversifizieren. Und ja: Ich investiere als Minimalist auch nach den hier vorgestellten Prinzipien. Das erfordert fast keinen Aufwand. Am besten ist es sowieso, nur hin und wieder mal in sein Depot zu schauen.

Hüten Sie sich vor den Schlagzeilen in Zeitungen, Zeitschriften oder im TV! Dort wird regelmäßig vor einem Crash gewarnt, und man hat das Gefühl, die Welt geht unter. Tatsächlich kann es jederzeit zu einer Korrektur oder zu einem Crash kommen. Aber Sie können nicht wissen, wann es so weit ist. Ein wichtiger Investment-Grundsatz lautet deshalb: Investieren Sie stets sofort. Im englischsprachigen Raum wird dies durch den Spruch »Time in the market beats timing the market« ausgedrückt.

Und wenn ein Crash kommen sollte: Bleiben Sie ruhig, behalten Sie die Nerven! In der Vergangenheit folgte auf jeden Crash eine deutliche Erholung, auch wenn diese manchmal Jahre gedauert hat. In Aktien sollten Sie deshalb nur investieren, wenn Sie auf das Geld mindestens zehn Jahre lang nicht zurückgreifen müssen. Behalten Sie also auch Cash in petto!

4.1 Die feinen Unterschiede zwischen den verschiedenen Anlageprodukten

Bevor Sie sich mit der konkreten Zusammensetzung Ihres Anlageportfolios beschäftigen, sollten Sie noch wichtige Unterschiede zwischen den verschiedenen Anlageprodukten bzw. zwischen verschiedenen Formen der Geldanlage kennenlernen. Beispielsweise müssen Sie Geld nicht unbedingt auf einmal anlegen. Sie können sich außerdem für Einzelwerte entscheiden oder doch besser auf einen ETF setzen. Schließlich sollte Ihnen auch der Unterschied zwischen den Begriffen »ausschüttend« und »thesaurierend« bekannt sein.

Ich habe nicht viel Erspartes: Wie kann ich trotzdem Geld anlegen?

Neben der Einmalanlage besteht die Möglichkeit, Geld durch einen oder mehrere Sparpläne anzulegen. Bei einem Sparplan wird zum Beispiel jeden Monat oder einmal im Vierteljahr Geld von Ihrem Konto abgebucht und in die von Ihnen gewählten Anlageprodukte investiert. Sie profitieren dabei vom Cost-Average-Effekt (auf Deutsch: Durchschnittskosteneffekt): In starken Marktphasen kaufen Sie automatisch weniger Anteile für den gleichen Betrag, in schwachen Marktphasen mehr. Wenn Ihnen eine sofortige Einmalanlage möglich ist, sollten Sie jedoch diese wählen, da sie mit hoher Wahrscheinlichkeit eine bessere Rendite liefert. In Kapitel 5 werde ich die Vorgehensweise bei einem Einmalkauf und beim Erstellen eines Sparplans an einem Beispiel beschreiben.

Soll ich einzelne Werte oder Fonds kaufen?

Insbesondere bei Aktieninvestments rate ich Ihnen dazu, Fonds zu kaufen, und zwar speziell preisgünstige ETFs mit einem passiven Investmentansatz. Das Investment in einzelne Aktien kann durchaus attraktiv sein, aber dazu gehört wirklich eine Menge Erfahrung und Wissen. Die meisten Personen verkaufen Aktien zu früh oder gar nicht, obwohl sie es tun sollten. Oder sie kaufen zu einem völlig falschen Zeitpunkt. Bei einem ETF-Investment gibt es dagegen nur einen richtigen Zeitpunkt zum Kaufen: jetzt. Und was das Verkaufen betrifft: niemals. Kaufen Sie lieber ETFs, zumindest in den ersten Jahren, bis Sie mehr Erfahrung gesammelt haben.

ETFs sind kostengünstig und effizient und somit für die langfristige Geldanlage perfekt geeignet.

Wie unterscheiden sich ausschüttende und thesaurierende Produkte?

Viele Unternehmen, die an der Börse notiert sind, beteiligen die Anleger an ihren Gewinnen. Pro Aktie wird dann nach der Jahreshauptversammlung – oder manchmal sogar mehrmals in einem Jahr – eine Dividende ausgeschüttet. Aktien, die eine Dividende bezahlen, sind also immer »ausschüttend«.

Bei Fonds haben Sie demgegenüber die Wahl zwischen ausschüttenden und thesaurierenden Produkten. Besitzen Sie einen ausschüttenden Aktien-ETF, werden die Dividenden der enthaltenen Aktien gesammelt und dann an Sie ausgezahlt. Bei einem thesaurierenden Produkt werden die Dividenden hingegen ohne weiteres Zutun in neue ETF-Anteile angelegt.

Also soll ich einen thesaurierenden ETF wählen?

Wenn Sie Ihr Vermögen wachsen lassen möchten, sollten Sie Ausschüttungen, die Sie erhalten, sofort wieder anlegen. Bei einem thesaurierenden ETF geschieht dies automatisiert und ohne, dass Sie etwas davon mitbekommen. Die thesaurierenden Ausschüttungen werden nicht direkt besteuert, sodass der volle Betrag weiter für Sie arbeiten kann. Außerdem sparen Sie sich Ordergebühren für die Wiederanlage von Ausschüttungen. Also eine klare Sache, oder?

Nein, nicht ganz. Denn es wird in Deutschland von staatlicher Seite jedes Jahr ein sogenannter Basiszins festgelegt, nach dem eine Vorabpauschale erhoben wird. Dieser Basiszins beträgt etwa für das Jahr 2025 2,53 % und für das Jahr 2026 3,2 %. Bei einem Aktien-ETF reduziert sich die Vorabpauschale auf 70 %, beträgt also für das Jahr 2025 tatsächlich nur 1,771 % und für das Jahr 2026 2,24 %. Diese Vorabpauschale müssen Sie auf Ihre Kursgewinne leisten, obwohl Sie diese gar nicht realisieren. Sie wird am Anfang des Folgejahres von Ihrem Konto eingezogen, sofern sie nicht von Ihrem Freistellungsauftrag abgedeckt wird. Dazu kommen wir noch einmal in Kapitel 5.

Also soll ich einen ausschüttenden ETF wählen?

Bei einem ausschüttenden ETF entfällt die Vorabpauschale entweder ganz oder zumindest teilweise. Die im jeweiligen Jahr erhaltenen Ausschüttungen werden nämlich von der Vorabpauschale abgezogen. Je höher der Prozentsatz der Vorabpauschale ist, desto wahrscheinlicher wird aber auch auf einen ETF mit relativ geringer Ausschüttung die Vorabpauschale fällig. Wird eine Vorabpauschale geleistet, bedeutet das gleichzeitig, dass später beim Verkauf des ETFs geringere Steuern auf die Gewinne fällig sind. Beachten Sie aber, dass das nur der aktuelle Stand der Gesetzeslage ist. Wer weiß, wie es in 20 oder 30 Jahren aussehen wird?

Ausschüttende ETFs besitzen auch einen psychologischen Vorteil. Sie sehen die regelmäßigen Erträge schwarz auf weiß auf Ihrem Kontoauszug.

4.1 Die feinen Unterschiede zwischen den verschiedenen Anlageprodukten

In Phasen, in denen die Kurse jahrelang steigen, also in einem Bullenmarkt, mag Ihnen das relativ egal sein. In einem Bärenmarkt hingegen, in dem die Kurse über einen längeren Zeitraum fallen, sind die Ausschüttungen ein motivierendes Trostpflaster.

In welcher Währung sollte ein ETF notiert sein?

Die großen Aktien-ETFs, die in diesem Buch empfohlen werden, sind in der Regel in US-Dollar notiert. Steigt der US-Dollar im Vergleich zum Euro, profitieren Sie von einem zusätzlichen Rendite-Boost. Fällt hingegen der US-Dollar, schmälert das Ihre Rendite in Euro – dafür können Sie günstiger neue Anteile kaufen als der US-Anleger.

Da Sie auf die Währungen keinen Einfluss haben, sollten Sie sich darüber auch nicht allzu viele Gedanken machen. Es gibt zwar auch ETFs, die in Euro notiert sind, oder auch währungsabgesicherte ETFs, aber diese senken letztlich Ihre Rendite oder erhöhen Ihr Anlagerisiko. Legen Sie weltweit an, und das geschieht nun mal in US-Dollar.

Liegen in einem MSCI World-ETF nicht zu viele US-Aktien?

Der MSCI World Index ist extrem USA-lastig. Während ich diese Zeilen schreibe, liegt der Anteil an US-Aktien im MSCI World bei 71 %, der Anteil Schweizer Aktien bei 2,53 % und der Anteil deutscher Aktien bei 2,34 %. Das liegt zum einen daran, dass in den USA viel mehr Menschen in Aktien investieren. Zum anderen sind in den USA aber auch viele erfolgreiche Unternehmen ansässig, etwa Apple, Microsoft, Amazon ... Der hohe US-Anteil mag Sie abschrecken, andererseits erzielen die Unternehmen ihre Gewinne weltweit. Die Investition in einen MSCI-World-ETF ist sicherlich keine schlechte Wahl, aber es gibt natürlich Möglichkeiten, besser zu diversifizieren. Im Abschnitt 4.2 finden Sie mehrere Vorschläge für eine ausgewogene Portfolio-Zusammensetzung.

Wie kann ich Rebalancing vermeiden?

An anderer Stelle wurde bereits erwähnt, dass Sie Ihr diversifiziertes Portfolio durch ein Rebalancing wieder ins Gleichgewicht bringen sollten – dann, wenn eine Anlageklasse in einem Jahr deutlich besser gelaufen ist als eine andere. Das ist natürlich überhaupt nicht bequem, mit Kosten verbunden und oft auch in steuerlicher Hinsicht von Nachteil.

Beim Rebalancing werden die Portfolioanteile wieder ins richtige Verhältnis gebracht – das ist lästig und kann steuerliche Nachteile bringen.

Sie könnten ein All-in-one-Produkt wählen, bei dem das Rebalancing automatisch durchgeführt wird. Ein Beispiel hierfür ist der von der DWS, einem deutschen Anbieter, herausgegebene »Weltfonds« ARERO, der eine Mischung aus 60 % Aktien, 25 % Staatsanleihen sowie 15 % Rohstoffen enthält. Das Rebalancing erfolgt halbjährlich, ohne dass Sie etwas dazu beitragen müssten. Die jährlichen Gebühren für diesen Fonds betragen 0,5 %. Er ist also keine schlechte Wahl für Menschen, die sich möglichst wenig mit dem Thema Geldanlage auseinandersetzen wollen. Auch die LifeStrategy-ETFs von Vanguard möchte ich in diesem Zusammenhang erwähnen. Sie setzen sich aus Aktien und Anleihen zusammen. Das Verhältnis bestimmen Sie beim Kauf, je nach Ihrer Risikoneigung. So gibt es LifeStrategy-ETFs mit 80, 60, 40 oder nur 20 % Aktienanteil. Der Rest wird in Anleihen angelegt. Auch bei diesem Anlageprodukt müssen Sie sich nicht um ein Rebalancing kümmern.

Die Tabelle zeigt Ihnen die genannten Anlageprodukte. Die Abkürzung WKN steht für »Wertpapierkennnummer«. Sie dient dazu, Wertpapiere eindeutig zu identifizieren. Häufig wird auch die ISIN (**I**nternational **S**ecurities **I**dentification **N**umber), also die internationale Wertpapierkennnummer, verwendet.

Produktname	WKN	Aktien-anteil	Besonderheiten
ARERO - Der Weltfonds	DWS0R4	60 %	Automatisches Rebalancing, Mischung aus Aktien, Anleihen, Rohstoffen
ARERO - Der Weltfonds ESG	DWS26Y	60 %	Nachhaltige Auswahl, automatisches Rebalancing, Aktien, Anleihen, Rohstoffe
Vanguard LifeStrategy 80% Aktien	A2P7TF	80 %	Hoher Aktienanteil, automatisches Rebalancing
Vanguard LifeStrategy 60% Aktien	A2P7TK	60 %	Ausgewogenes Verhältnis, automatisches Rebalancing
Vanguard LifeStrategy 40% Aktien	A2P7TJ	40 %	Defensiver, automatisches Rebalancing
Vanguard LifeStrategy 20% Aktien	A2P7TN	20 %	Sehr defensiv, automatisches Rebalancing

4.1 Die feinen Unterschiede zwischen den verschiedenen Anlageprodukten

Was ist von Robo-Advisors zu halten?

Inzwischen gibt es zahlreiche Anbieter sogenannter Robo-Advisors. Dabei erfolgt die Geldanlage computergesteuert auf der Basis von Algorithmen, die dem jeweiligen Produkt zugrunde liegen. Auch ein Rebalancing kann automatisch erfolgen. Aber ob Sie sich wirklich auf die Algorithmen verlassen sollten? Beispielsweise während der Coronakrise 2020, bei der die Märkte rasch abstürzten, sich aber auch relativ schnell wieder erholten, haben die meisten Robo-Advisors versagt. Buy and Hold eines Welt-ETFs wäre da die bessere Strategie gewesen.

Gibt es Immobilien oder Gold ebenfalls in einem ETF?

Auch Anleihen lassen sich gebündelt in einem ETF kaufen, sodass Sie keine Einzelrisiken eingehen müssen. Wenn Sie jedoch von Immobilien-ETFs lesen, sind ausschließlich ETFs gemeint, die Aktien von Immobiliengesellschaften enthalten, also keineswegs die Immobilien selbst.

Möchten Sie an der Börse in Rohstoffe investieren, müssen Sie besonders aufpassen. Diese können Sie nicht in einem ETF, sondern nur in einem ETC erwerben. Die Abkürzungen klingen ähnlich. ETC steht für **E**xchange-**t**raded **C**ommodity. Es handelt sich jedoch um zwei grundverschiedene Anlageprodukte. Bei einem ETF handelt es sich um sogenanntes Sondervermögen. Die im ETF enthaltenen Produkte gehören Ihnen also auch dann, wenn ein Anbieter pleitegeht. Anders sieht es bei einem ETC aus. Hierbei handelt es sich lediglich um eine Schuldverschreibung, und Sie gehen beim Kauf ein Emittentenrisiko ein – im Pleitefall könnte also eine Investition verlorengehen.

Was sollte ich bei der ETF-Auswahl unbedingt beachten?

Die in einem ETF enthaltenen Wertpapiere gehören Ihnen, unabhängig von der Bank, bei der Sie den ETF deponieren, und auch unabhängig vom ETF-Anbieter. Das gilt ebenso für gemanagte Fonds. Ein ETF oder gemanagter Aktienfonds birgt jedoch andere Risiken, insbesondere das Risiko, dass er nach einigen Jahren geschlossen wird und Sie Ihr Geld umschichten müssen. Ihre bisherigen Gewinne müssten Sie dann versteuern, was sich negativ auf die langfristige Rendite auswirken würde. Wenn es an die konkrete Produktauswahl geht, sollten Sie deshalb einige Dinge in Augenschein nehmen.

Dies gilt für ETFs:

- **Alter und Fondsvolumen:** Je älter und größer ein ETF ist, desto wahrscheinlicher ist es, dass er sich am Markt etabliert hat und stabil geführt wird. Neue oder sehr kleine ETFs könnten geschlossen werden, was zu einer vorzeitigen Besteuerung Ihrer Gewinne führt. Ein hohes Fondsvolumen spricht zudem für eine gute Handelbarkeit. Achten Sie daher auf ETFs, die bereits einige Jahre bestehen und ein signifikantes Fondsvolumen aufweisen.

- **Kosten:** Beim ETF-Kauf sollten Sie auf die Gesamtkostenquote (TER für **T**otal **E**xpense **R**atio) achten, denn sie beeinflusst direkt Ihre Rendite. Neben den laufenden Kosten können auch Handelsgebühren und eventuell Ausgabeaufschläge anfallen. Prüfen Sie, ob Ihr Broker günstige Konditionen bietet. Auch kleine Kostenunterschiede summieren sich über die Jahre und reduzieren die Gesamtrendite spürbar. Ein Vergleich verschiedener Anbieter lohnt sich daher immer.

- **Tracking-Differenz:** Die Tracking-Differenz zeigt, wie genau der ETF den zugrunde liegenden Index abbildet. Ein ETF sollte möglichst nah am Vergleichsindex bleiben, Abweichungen führen zu geringerer Rendite. Ursachen sind unter anderem Gebühren, Steuern oder Erträge aus Wertpapierleihen. Vergleichen Sie die historischen Tracking-Differenzen verschiedener ETFs auf denselben Index. Je niedriger die Differenz, desto besser für Sie.

- **Replikationsmethode:** Es gibt physisch replizierende und synthetische ETFs. Physische ETFs kaufen die Wertpapiere des Index tatsächlich, synthetische nutzen Finanzderivate. Physische ETFs gelten als transparenter und risikoärmer, während synthetische ETFs eventuell eine bessere Nachbildung bei exotischen Indizes bieten. Informieren Sie sich, welche Methode zum Einsatz kommt und ob sie zu Ihrer Risikobereitschaft passt.

- **Steuerliche Behandlung:** Prüfen Sie, ob der ETF steuereinfach ist – das heißt, ob die Abgeltungsteuer automatisch abgeführt wird. Auch die Wiederanlage von Erträgen (thesaurierend) oder die Ausschüttung (ausschüttend) hat Auswirkungen auf die Steuer. In Deutschland sind zudem Vorabpauschale und Freistellungsauftrag zu beachten. Die steuerliche Behandlung kann Ihre Nettorendite erheblich beeinflussen.

- **Regionale und sektorale Diversifikation:** Achten Sie darauf, dass der ETF eine breite Streuung bietet, um Klumpenrisiken zu vermeiden. Weltweite oder zumindest breit gestreute ETFs schützen besser vor Schwankungen einzelner Märkte oder Branchen. Überprüfen Sie die Zusammensetzung des Index und passen Sie die Auswahl Ihrem Risikoprofil an.

Diese und weitere Informationen finden Sie in der Regel direkt bei Ihrem Depotanbieter oder alternativ auf Infoseiten, wie ich Sie Ihnen im Anhang noch vorstellen werde. Lassen Sie sich nicht beeindrucken, falls Ihnen der eine oder andere Begriff zum jetzigen Zeitpunkt noch fremd sein sollte. Man könnte ein ganzes Lexikon mit Finanzbegriffen schreiben. Viel wichtiger ist aber die Erfahrung, die Sie im Lauf der Zeit bei der Geldanlage gewinnen werden.

4.2 Beispiel-Portfolios für Sie zusammengestellt

Ein Anlageportfolio ist etwas sehr Individuelles. Es hängt von Ihrem Risikoprofil ab, von Ihrer Lebenssituation, zum Teil auch von Ihrem bisherigen Vermögen, nämlich bei der Frage, ob Sie ein Immobilieninvestment einbeziehen sollten oder nicht. Außerdem gibt es die unterschiedlichsten Anlageprodukte und Anbieter, von denen ich hier nur eine Auswahl nennen kann. Verstehen Sie die folgenden Portfolios deshalb bitte nur als Beispiele, die Ihnen als Anregung für Ihre eigenen Investments dienen sollen. Wählen Sie ein Portfolio, das ganz Ihren Vorstellungen entspricht, denn am allerwichtigsten ist es, langfristig dabeizubleiben.

Bei den Beispiel-Portfolios werden Immobilien außen vor gelassen, da ich persönlich nur Investments in echte Immobilien empfehlen würde und in diesem Buch deshalb keine Immobilienfonds oder ähnliche Konstrukte vorschlage. Sind Sie Eigentümer einer Immobilie, zählt diese wie ein Aktien-ETF zum Sachwertanteil des Portfolios. Zur Berechnung Ihrer Gesamtrendite würden Sie dann die erhaltene Nettomiete oder – im Fall einer selbstgenutzten Immobilie – die gesparte Miete heranziehen.

Der bereits zur Sprache gekommene Notgroschen wird im Folgenden ebenfalls nicht zum Anlageportfolio gerechnet. Dieser sollte stets auf einem gut verzinsten Tagesgeldkonto bereitstehen, also auf keinen Fall in Anleihen oder gar Aktien investiert werden. Nein, auch dann nicht, wenn sich gerade eine günstige Gelegenheit bieten sollte.

Das minimalistische Portfolio

Darf ich Ihnen einen KISS geben? Das KISS-Prinzip steht für »**K**eep **i**t **s**imple, **s**tupid!«. Der Spruch ist zwar nicht besonders freundlich, aber ein sehr guter Rat auch im Zusammenhang mit der Geldanlage. Tatsächlich können Sie ein Anlageportfolio aus nur zwei Produkten zusammenbasteln.

Das erste Produkt ist ein Tagesgeldkonto, auf dem Sie Ihre Geldanlage tätigen. Dieses Konto sorgt einerseits dafür, dass Ihnen niemals das Geld ausgeht und Sie womöglich Sachwertanlagen veräußern müssten. Andererseits mildert es die Kursschwankungen in Ihrem Anlageportfolio, und Sie können besser schlafen.

Das zweite Produkt ist ein weltweiter Aktien-ETF. Und mit weltweit ist wirklich die ganze Welt gemeint. Während der bereits erwähnte MSCI-World-ETF lediglich in Aktien von Industrienationen investiert, gibt es auch ETFs, bei denen die Aktien von Schwellenländern einbezogen werden. In der Tabelle finden Sie entsprechende ETF-Vorschläge.

ETF	Index	Ausschüttend	WKN
iShares MSCI ACWI UCITS ETF	MSCI ACWI	Nein	A1JMDF
Vanguard FTSE All-World UCITS ETF	FTSE All-World	Ja	A1JX52
Vanguard FTSE All-World UCITS ETF	FTSE All-World	Nein	A2PKXG

Sie werden sich nun wahrscheinlich fragen, was der Unterschied zwischen »MSCI ACWI« und »FTSE All-World« ist. Nun, zunächst einmal steht die Abkürzung ACWI für **A**ll **C**ountry **W**orld **I**ndex. Es gibt Unterschiede bei der Zusammensetzung der Indizes, zum Beispiel enthält der FTSE All-World Index deutlich mehr Aktien. Letztlich investieren Sie aber in beiden Fällen weltweit in Aktien und sind bei Ihrem Aktieninvestment ausreichend diversifiziert.

Lassen Sie sich aber nicht täuschen: Selbst bei einem weltweiten ETF ist der US-Anteil immer noch sehr dominant. Beispielsweise liegt er im FTSE All-World Index Anfang 2026 bei rund 62 %, während etwa die Wirtschaftsmacht China lediglich auf 3,4 % Anteil kommt.

Wie viel Prozent Ihres Geldes Sie nun auf das Tagesgeldkonto packen und wie viel Prozent in den weltweiten Aktien-ETF, richtet sich nach Ihrem Risikoprofil. Ob es nun 20 % Tagesgeld und 80 % Aktien sind oder umgekehrt, bleibt ganz Ihnen überlassen.

Wichtig ist an dieser Stelle der Hinweis, dass die Einlagen auf einem Tagesgeldkonto nur bis zu 100.000 Euro pro deutscher Bank gesetzlich gesichert sind. Verfügen Sie über einen höheren Betrag, streuen Sie das Tagesgeld einfach über mehrere Banken bzw. ziehen bei solchen Beträgen doch auch Festgeld- und Anleiheanlagen sowie eine weitere Diversifikation mit Immobilien oder Gold in Erwägung.

Das 70/30-Portfolio

Ja, in einem weltweiten ETF sind auch die Aktien von Schwellenländern enthalten, der Anteil ist jedoch relativ gering und liegt bei vielleicht 10 %. Der Grund: Die ETFs richten sich nach dem Börsenwert der Aktien, also nach deren Marktkapitalisierung. Und diese ist in den Industrienationen, allen voran in den USA, höher. So kommt es zu einem gewissen Ungleichgewicht bei der Länderverteilung.

Wenn Sie hierbei mehr Diversifikation bevorzugen, könnte ein Anlageportfolio für Sie das richtige sein, in dem Aktien gemäß dem Bruttoinlandsprodukt (BIP) der Länder mehr Gewicht erhalten. Ein nach dem Bruttoinlandsprodukt gewichtetes Anlageportfolio verfolgt das Ziel, die Gewichtung der Länder im Portfolio entsprechend ihrer wirtschaftlichen Leistungsfähigkeit zu gestalten. Anders als bei der klassischen Marktkapitalisierung, bei der die Industrieländer überproportional vertreten sind, wird bei der BIP-Gewichtung der Anteil eines Landes an der globalen Wirtschaftsleistung als Maßstab genommen. Das bedeutet, Länder wie China oder Indien, deren Volkswirtschaften stetig wachsen, erhalten im Portfolio ein deutlich größeres Gewicht als in herkömmlichen marktkapitalisierten Indizes.

Empfohlen wird diesbezüglich häufig ein 70/30-Portfolio, was sich aber nur auf den Aktienanteil in Ihrem Anlageportfolio bezieht.

4.2 Beispiel-Portfolios für Sie zusammengestellt

Es enthält zu 70 % die Aktien von Industrienationen und zu 30 % die Aktien von Schwellenländern (Emerging Markets). Allerdings ist zu beachten, dass ein solches Portfolio regelmäßig – etwa einmal im Jahr – angepasst werden sollte, weil die Aktien dieser Regionen unterschiedlich steigen können.

Wenn Sie bei der BIP-Gewichtung korrekt vorgehen wollten, müssten Sie eine Vielzahl an ETFs für alle möglichen Regionen zusammenstellen, und die gibt es auch. In Ihrem Depot würde es dann aber sehr unübersichtlich werden. Deshalb ist das 70/30-Portfolio eine gute Variante. Und Sie sind auch flexibel: Möchten Sie die Schwellenländer doch lieber geringer gewichten, wäre etwa auch ein 80/20-Portfolio möglich.

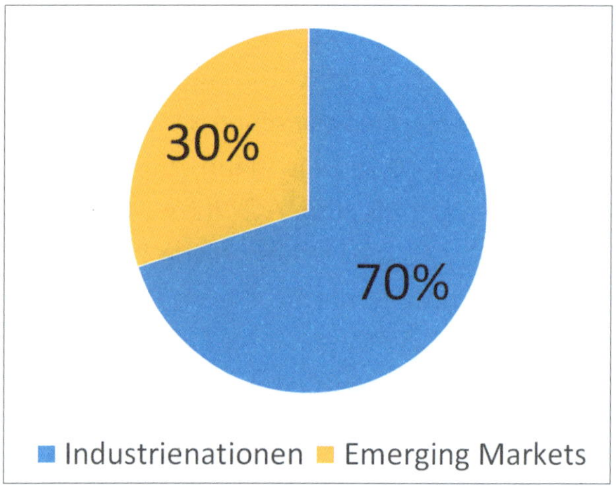

Das 70/30-Portfolio erkennt Schwellenländer wie China und Indien einen größeren Stellenwert im Aktienanteil des Anlageportfolios zu.

Für den Aktienanteil benötigen Sie in diesem Fall zwei ETFs, zum Beispiel:

ETF	Index	Ausschüttend	WKN
iShares Core MSCI World UCITS ETF	MSCI World	Nein	A0RPWH
iShares MSCI EM UCITS ETF USD	MSCI Emerging Markets	Nein	A0RPWJ

Mit dieser Strategie streuen Sie Ihr Investment breiter und sorgen für eine ausgewogenere Länderallokation, da auch aufstrebende Wirtschaftsnationen stärker berücksichtigt werden. Das kann zu einer höheren Diversifikation führen und das Risiko einzelner Regionen reduzieren.

Und weil Sie sowieso rebalancen müssen, können Sie bei dieser Portfoliovariante auch gleich noch einen Anleihen-ETF hinzufügen. Bei Anleihen lassen Sie Schwellenländer jedoch außen vor, da diese höhere Risiken beinhalten. Setzen Sie ausschließlich auf kurz laufende Staatsanleihen höchster Bonität, die in Euro notieren, zum Beispiel:

Anleihen-ETF	Index	Ausschüttend	WKN
Amundi Euro Government Bond 1-3Y UCITS ETF	Bloomberg Euro Treasury 50bn 1-3 Year Bond Index	Nein	LYX0XH

Verstehen Sie das mit der Gewichtung bitte richtig. Soll Ihr Anlageportfolio aus einem Aktienanteil von 70 % bestehen, würden nur diese 70 % zwischen dem MSCI World und dem MSCI Emerging Markets aufgeteilt werden. Weitere 30 % würden Sie auf einem Tagesgeldkonto oder in einem Anleihen-ETF anlegen.

US-Anteil verringern

Wussten Sie, dass Ende der 1980er Jahre japanische Aktien ungefähr die Hälfte des MSCI-World-Index ausmachten? Heute sind es nur noch 5,4 %. Die Dinge können sich also ändern. Aber das macht eigentlich nichts, denn die langfristige Rendite von 7–9 % gab es trotz dieser Veränderungen.

Dennoch wollen Sie vielleicht den Anteil an US-Aktien in Ihrem Depot deutlich verringern, obwohl die Investorenlegende Warren Buffett einmal meinte: »Never, never, never bet against America!«. Auch das ist gar kein Problem und lässt sich mit wenigen ETFs bewerkstelligen. Sie könnten zum Beispiel den Anteil der USA auf 30 % begrenzen, genauso wie den Anteil der Schwellenländer. Für andere Industrienationen blieben dann 40 % übrig.

Dabei muss aber erwähnt werden, dass US-Aktien über viele Jahre besser gelaufen sind als etwa europäische Aktien. Aber natürlich muss das in Zukunft nicht unbedingt so bleiben. Verwenden Sie zur Verringerung des US-Anteils einfach einen MSCI-World-ETF, bei dem die USA ausgeklammert werden, und zusätzlich einen weiteren ETF, der lediglich US-Aktien enthält. Auch dazu gebe ich einige ETF-Beispiele:

ETF	Index	Ausschüttend	WKN
iShares MSCI World ex-USA UCITS ETF	MSCI World ex USA	Nein	A40X3Z
iShares MSCI USA UCITS ETF	MSCI USA	Nein	A0YEDU
iShares MSCI EM UCITS ETF USD	MSCI Emerging Markets	Nein	A0RPWJ

Schwankendes Portfolio mit sicherem Hafen

Wie Sie sicher bemerkt haben, waren die bisherigen Beispiel-Portfolios auf Geldwerte und Aktienanlagen beschränkt. Das hat insofern eine Berechtigung, als in einem weltweiten Aktien-ETF selbstverständlich auch Immobilienaktien sowie Aktien von Ölunternehmen sowie Minenbetreibern enthalten sind. Bei einem echten Börsencrash spielt das aber keine Rolle, denn dann rauschen die Aktien auf breiter Front in den Keller. Um Schwankungen auszugleichen, halten Sie Cash auf einem Tagesgeldkonto oder auch Anleihen vor. Aber was ist, wenn es mal wieder zu Inflationsraten von 10 % oder noch mehr kommen sollte? Dann wirkt sich Tages-

4.2 Beispiel-Portfolios für Sie zusammengestellt

geld auch nicht gerade beruhigend aus. Um noch etwas mehr Sicherheit in Ihr Portfolio zu bringen, nehmen Sie weitere Anlageklassen hinzu. Das könnte eine Immobilie sein, wenn Sie über die entsprechenden Mittel verfügen. Die Immobilie soll jedoch nicht zu einem dominierenden Klumpen in Ihrem Portfolio werden.

Mit der Verwaltung von Immobilien haben Sie außerdem immer etwas zu tun, es handelt sich keineswegs um eine passive Anlageform. Es gehört die regelmäßige Nebenkostenabrechnung genauso dazu wie das Verwalten der Kaution. Reparaturen und Renovierungen innerhalb der Wohnung müssen Sie ebenfalls organisieren. Und es kann noch weitere Unwägbarkeiten geben: Ich habe vor vielen Jahren selbst einmal eine kleine Wohnung gekauft und vermietet. Eines Tages habe ich dann von der Hausverwaltung einen Brief bekommen, in dem ich darüber informiert wurde, dass der Mieter laut Musik hören würde. Ja, können das die Bewohner denn nicht unter sich ausmachen? Scheinbar nicht.

Als einfacher zu handhabende Anlageklasse bieten sich Edelmetalle an, insbesondere Gold und Silber. Wenn schon, kaufen Sie die Edelmetalle am besten physisch, also nicht in Form der bereits erwähnten ETCs. Beachten Sie dabei, dass der Kauf von Anlagegold von der Umsatzsteuer befreit ist, während auf den Silberkauf 19 % Umsatzsteuer fällig werden. Im Zweifelsfall kaufen Sie also besser eine kleine Goldmünze statt des Kilobarrens Silber. Achten Sie in jedem Fall auf eine diebstahlgesicherte Aufbewahrung!

Wenn Sie auf weitere Anlageklassen wie Immobilien oder Edelmetalle setzen, fügen Sie diese Ihrem Anlageportfolio hinzu. Der Anteil an Tagesgeld, Anleihen und Aktien reduziert sich dementsprechend. Immobilien könnten beispielsweise 30 % oder in höherem Alter sogar 50 % Ihres gesamten Anlageportfolios ausmachen. Bei Edelmetallen sollten es vielleicht nicht mehr als 5 % oder 10 % Prozent sein, es sei denn, Sie blicken sehr düster in die Zukunft.

Dividendenstrategie

Auch mit einer Dividendenstrategie können größere Schwankungen an der Börse abgefedert werden, da sie Ihr Augenmerk weniger auf Kurssteigerungen als mehr auf regelmäßige Dividendenausschüttungen richtet.

Zunächst ist ein Dividenden-ETF keinesfalls mit einem ausschüttenden ETF zu verwechseln. Viele Dividenden-ETFs sind zwar ausschüttend, aber längst nicht alle. Dividenden-ETF bedeutet lediglich, dass in dem ETF nur Aktien mit einer mehr oder weniger hohen Dividendenausschüttung enthalten sind.

Einige ETFs – oder auch gemanagte Dividendenfonds – legen weitere Kriterien an, etwa dass die Dividende über einen längeren Zeitraum eine gewisse Höhe erreicht haben muss. Denn eine hohe Dividendenrendite kann ja schlimmstenfalls auch einfach dadurch zustande kommen, dass der Aktienkurs stark gefallen ist. Dividenden sind übrigens kein Geschenk, sondern sie werden vom Kurs abgezogen.

Regelmäßige Ausschüttungen, das klingt natürlich erst einmal super, besonders dann, wenn Sie irgendwann von Ihrem Vermögen leben wollen. Letztlich zählt aber nur die Gesamtrendite, denn ob Sie eine Ausschüttung erhalten oder ETF-Anteile verkaufen, spielt theoretisch keine Rolle. Zugegebenermaßen bietet die Ausschüttung aber den psychologischen Vorteil, dass Sie sich nicht wegen eines Verkaufs grämen müssen.

Machen Sie sich bei der Dividendenstrategie auf eine geringere Gesamtrendite gefasst. Überhaupt würde ich das Investieren ohne Prognose (etwa »Dividendenaktien laufen in Zukunft besser als der Gesamtmarkt«) vorziehen. Wenn Sie dennoch eine Dividendenstrategie verfolgen möchten, könnte einer der folgenden ETFs für Sie interessant sein, es gibt natürlich noch viele weitere.

ETF-Name	WKN	Region	Ertragsverwendung	Schwerpunkt
iShares STOXX Global Select Dividend 100 UCITS ETF	A0F5UH	Weltweit	Ausschüttend	Globale Dividendenwerte
Xtrackers MSCI World High Dividend Yield UCITS ETF	DBX0UC	Weltweit	Ausschüttend	Aktien mit hoher Dividendenrendite
Vanguard FTSE All-World High Dividend Yield UCITS ETF	A1T8FV	Weltweit	Ausschüttend	Breit gestreute Dividendenaktien
SPDR S&P Global Dividend Aristocrats UCITS ETF	A1T8GD	Weltweit	Ausschüttend	Dividenden-Aristokraten

Spätestens, wenn es in Ihrem Wohnzimmer einmal so aussehen sollte, wissen Sie, dass Sie bei der Geldanlage etwas verkehrt machen.

4.2 Beispiel-Portfolios für Sie zusammengestellt

Wenn Sie einen Dividenden-ETF mit einem weltweiten ETF vergleichen, wird Ihnen auffallen, dass im Dividenden-ETF unter anderem viel mehr Finanztitel enthalten sind, während im weltweiten ETF Technologie-Titel dominieren. Auch das sollten Sie im Hinterkopf behalten, besonders im Rückblick auf die letzte große Finanzkrise 2007 bis 2009, als an den Märkten fast schon eine Weltuntergangsstimmung herrschte. Nun könnten Sie auf den Gedanken kommen, einen weltweiten ETF mit einem Dividenden-ETF zu mischen. Da Dividenden-ETFs in der Regel einen geringeren USA-Anteil haben und weniger von den kursstarken Technologie-Titeln beinhalten, ist das durchaus legitim. Achten Sie darauf, dass Sie in Ihrem Depot nicht zu viel »doppelmoppeln«.

Und es gibt neben der Dividendenstrategie noch weitere Strategien. Sie könnten zum Beispiel die Value-Strategie verfolgen und auf unterbewertete Aktien setzen – so wie es Warren Buffett über Jahrzehnte gemacht hat. Da es heute, dank Internet, keinen Informationsvorsprung mehr gibt, funktioniert das aber nicht mehr so richtig. Oder bevorzugen Sie Aktien mit geringen Schwankungen? Oder eine Momentum-Strategie, bei der Sie Aktien kaufen, die in der jüngeren Vergangenheit bereits stark gelaufen sind? Für all diese Fälle gibt es ETFs. Meine Empfehlung lautet jedoch: Bleiben Sie zumindest anfangs beim Investieren ohne Prognose bzw. sogenannte Faktorprämien.

Oder doch lieber Einzelaktien?

Wie Sie beim Lesen der bisherigen Kapitel wohl bereits gemerkt haben, bin ich ein großer Fan von ETFs. Damit legen Sie alle Eier in einen Korb, aber leider eben auch die faulen. Zwar überzeugt die Durchschnittsrendite. Aber ein ETF kostet jährlich eine Gebühr, die TER. Diese ist zwar äußerst gering, aber sie schlägt doch auf die Rendite. Und Sie haben das Risiko, dass ein ETF geschlossen werden könnte und Sie Ihr Geld dann neu anlegen müssten.

Brauchen Sie für die Diversifikation Ihres Aktienanteils im Portfolio denn überhaupt Tausende Aktien? Aber nein! Tatsächlich würden hierfür um die 20 Aktien ausreichen.

Wenn Sie sich für eine Anlage in Einzelaktien entscheiden, was ich Ihnen jedoch ausdrücklich nicht empfehle, sollten Sie mehrere Dinge unbedingt beachten:

- Kaufen Sie ausschließlich sogenannte Blue Chips. So werden Aktien von großen, etablierten Unternehmen genannt. Am besten richten Sie sich nach Marken, die jeder kennt. Klingelt es bei Ihnen zum Beispiel, wenn Sie »Allianz« oder »Coca-Cola« hören?

- Achten Sie auch bei einem Portfolio aus Einzelaktien darauf, weltweit zu investieren und nicht zu viele Aktien aus der gleichen Branche ins Depot zu holen. Viele Anleger unterliegen dem Home Bias: Deutsche investieren in deutsche Aktien, Schweizer in Schweizer Aktien, Italiener in italienische Aktien usw. Das ist natürlich nicht sinnvoll. Investieren Sie in Aktien aus aller Welt. Investieren Sie außerdem nicht nur in Technologie- oder Finanztitel, sondern stellen Sie einen bunten Mix aus allen möglichen Branchen zusammen.

- Schauen Sie nicht jeden Tag ins Depot, um zu verfolgen, wie sich die Aktien entwickeln. Bei Einzelaktien ist dies verführerisch, verleitet aber auch zum Handeln, wenn eigentlich nicht gehandelt werden sollte. Verfahren Sie wie bei ETFs nach dem Buy-and-Hold-Prinzip. Sie kaufen und halten. Nur dann, wenn die Aktien sich sehr unterschiedlich entwickeln, bringen Sie das Depot durch ein Rebalancing wieder ins Lot.

- Auf der anderen Seite sollen Sie aber nicht auf faulen Eiern sitzen bleiben und warten, bis sich eine tief gefallene Aktie wieder erholt. Es könnte sein, dass dies nie passiert. Eine Aktie ist immer gerade so viel wert, wie der Markt sie bewertet. Machen Sie sich klar, dass Sie im Fall eines Verlusts diesen nicht mit derselben Aktie wettmachen müssen, mit dem Sie den Verlust erlitten haben.

- Beim Investment in Einzelaktien sollten Sie die Marktentwicklungen regelmäßig verfolgen. Auch Unternehmen haben keine unendliche Lebensspanne. Vor langer Zeit waren Eisenbahnunternehmen der Hit, heute sind es Technologiefirmen. Und morgen?

In Kapitel 6 werden wir uns unter anderem noch mit Fehlern befassen, die Anlegern und Anlegerinnen immer wieder unterlaufen und die viel Rendite kosten. Ich habe in der Vergangenheit selbst manchmal mit weniger seriösen Einzelaktien spekuliert und teils erhebliche Verluste eingefahren. Deshalb kann ich eigentlich nur davon abraten.

Core-Satellite-Strategie

Das Investieren in einen weltweiten Aktien-ETF muss die Investition in Einzelaktien aber gar nicht ausschließen. Bei der sogenannten Core-Satellite-Strategie halten Sie einen ETF als Basisinvestment. Dieser Kern besteht aus ±80 % des Aktienanteils in Ihrem Portfolio. Die weiteren etwa 20 % bestehen aus Satelliten, die Sie in Form von Einzelaktien um diesen Kern schwirren lassen.

Achten Sie dann aber besonders auf die Auswahl der Einzelaktien. Wenn ein MSCI-World-ETF bereits über 5 % Apple-Aktien enthält, brauchen Sie dieses Unternehmen nicht auch noch als Einzelaktie ins Depot zu legen. Nutzen Sie die Core-Satellite-Strategie besser, um die US-Dominanz zu reduzieren oder um weniger Technologie- bzw. Finanztitel im Depot zu haben.

5

K 2245.72
+0.12
High
Low
Last
Chg
%Chg
Vol B
Bid
Offer
Close
Total Vol
Chart
Volume by Price
Ticker
Search Result
CLEAR
SUBMIT

Eröffnen Sie ein Depot und legen Sie los

Sind Sie nach dem bisher Gelesenen bereit für den Sprung ins kalte Wasser? In diesem Kapitel wird es ganz praktisch: Ich veranschauliche an konkreten Beispielen, wie die Eröffnung eines Depots erfolgt, wie Sie dorthin Geld übertragen, wie Sie nach Anlageprodukten stöbern, wie Sie einen Sparplan anlegen oder wie Sie ein Einzelinvestment tätigen. Dies setzt voraus, dass Sie sich bereits für Ihre individuelle Portfolio-Zusammensetzung entschieden haben. Klar, Sie können auch später noch wieder etwas verkaufen und etwas anderes kaufen. Denken Sie dabei aber stets an das Sprichwort: »Hin und Her macht Taschen leer.«!

Es spielt überhaupt keine Rolle, mit welchem Betrag Sie anfangen. Hauptsache ist, Sie legen zeitnah los. Größere Beträge legen Sie als Einmalinvestment an. Wenn Sie monatlich etwas zurücklegen, entscheiden Sie sich für einen automatisierten Sparplan. Einige Banken ermöglichen Sparpläne schon bei einem Anlagebetrag von lediglich einem Euro. Diesen Betrag können Sie erübrigen, nicht wahr? Sinnvoller sind natürlich höhere Summen: 50 Euro pro Monat, 150 Euro pro Monat, vielleicht sogar 300 Euro pro Monat oder mehr? Wählen Sie einen Betrag, den Sie regelmäßig investieren können, ohne dass in die Haushaltskasse die Ebbe einkehrt.

Was zum Thema Depot ebenfalls gehört, sind steuerliche Aspekte. Wie richten Sie einen Freistellungsauftrag ein, der Sie in der ersten Zeit vor unnötigen Steuern bewahrt? Wie berechnen Sie die Abgeltungsteuer? Und in welchen Fällen müssen Sie beim Finanzamt die »Anlage KAP« einreichen? Diese Fragen werde ich Ihnen in diesem Kapitel beantworten.

Und vielleicht wollen Sie Ihre Geldanlage nicht als Einzelperson tätigen, sondern zusammen mit Ihrer Partnerin oder Ihrem Partner. Auch dazu finden Sie nützliche Ratschläge, genauso wie zu einem Kinderdepot, mit dem Sie Ihren Sprösslingen einen finanziell gut ausgestatteten Start ins Erwachsenenleben ermöglichen können.

Für die Darstellungen in diesem Kapitel verwende ich den Anbieter Scalable Capital. Einfach aus dem Grund, weil es eine meiner eigenen Banken ist. Ich möchte aber von vornherein klarstellen, dass ich keinerlei Kooperation mit dieser Bank habe. Es gibt andere Banken, die ebenfalls eine gute Wahl sind.

Wenn Sie in Deutschland leben, wählen Sie für Ihr Depot – sowie auch für Tagesgeldkonto und Co. – am besten eine deutsche Bank, damit fällige Steuern automatisch abgeführt werden und Sie Ihre Gewinne nicht mühevoll beim Finanzamt deklarieren müssen. Und natürlich entscheiden Sie sich für einen Anbieter mit einem optimalen Preis-Leistungs-Verhältnis.

Sind Sie zu Beginn unsicher, dann eröffnen Sie Ihr Depot bei Ihrer Hausbank. Das ist zwar aller Wahrscheinlichkeit nach nicht die preisgünstigste Wahl, und Sie müssen mit höheren Ordergebühren rechnen. Aber dafür haben Sie vor Ort eine Person, die Sie ansprechen können. Und Sie können auch später noch mit einem Depot zu einem günstigeren Anbieter umziehen. Oft gibt es sogar Aktien, bei denen es bei einem Depotumzug noch einen Bonus als Sahnehäubchen obendrauf gibt.

5.1 Zum Investieren brauchen Sie ein Depot

Früher wurden Aktien tatsächlich in Papierform gedruckt und an die Investoren ausgegeben. Heute läuft das alles elektronisch, aber Sie brauchen trotzdem noch ein Depot, in dem Aktien und andere Wertpapiere – vom Konto getrennt – verwahrt werden.

Viele Banken bieten die Möglichkeit, ein Girokonto, ein Tagesgeldkonto und ein Depot unter einem Dach zu verwalten. Sie brauchen sich dann für den Onlinezugang nur ein Passwort zu merken. Aber ob das auch die besten Konditionen verspricht, daran lässt sich stark zweifeln. Außerdem empfehle ich, Ihr Depot mit der goldenen Gans von den alltäglichen Geldgeschäften zu trennen.

Wenn Sie den geringen Mehraufwand nicht scheuen und sich beim Banking im Internet nicht unsicher fühlen, ist eine günstige Onlinebank – ein sogenannter Onlinebroker – die bessere Wahl als die Hausbank vor Ort. Sie müssen dann allerdings Ihre Zugangsdaten sicher aufbewahren und dürfen diese nicht in Phishing-Mails Betrügern verraten. Und Sie sollten natürlich auch nicht auf den »Enkeltrick« hereinfallen und 100.000 Euro in bar in einer Papiertüte neben einer Mülltonne ablegen, die dann später Ihr »Enkel« abholt – aber das können Sie sich ja vielleicht auch selbst denken?

Falls Sie bisher nichts mit dem Onlinebanking am Hut hatten, ist jetzt ein guter Zeitpunkt, sich damit vertraut zu machen. Es wird Ihnen viel Geld sparen, das Sie dann wieder in Ihren Vermögensaufbau investieren können.

Wie vergleiche ich die verschiedenen Depotanbieter?

Sie finden im Internet mehrere seriöse Depotvergleichsanbieter, zum Beispiel Finanztip unter der Webadresse https://www.finanztip.de/wertpapierdepot. Allerdings sollten Sie die Ergebnisse des Vergleichs noch einmal hinterfragen. Am allerbesten stellen Sie Depotvergleiche auf mehreren Vergleichsseiten an, indem Sie einmal »Depotvergleich« googeln.

Mit einer Depoteröffnung gehen Sie zwar keine Ehe ein, aber Sie sollten doch möglichst gleich am Anfang einen Anbieter wählen, bei dem Sie sich vorstellen können, über einen längeren Zeitraum zu bleiben. Wie bereits erwähnt, möchte ich hier die Depotführung am Beispiel Scalable Capital skizzieren. Sie können den entsprechenden Link über eine Depotvergleichsseite aufrufen oder Sie rufen direkt die Webadresse https://de.scalable.capital auf. Ein ähnlicher Anbieter wäre zum Beispiel Trade Republic unter https://traderepublic.com/de-de.

Wie läuft eine Depoteröffnung ab?

Auf der Seite von Scalable Capital – und auch auf den Seiten anderer Depotanbieter – finden Sie eine Schaltfläche zum Eröffnen eines Depots. Wenn Sie diese anklicken, werden Sie durch den Eröffnungsprozess geführt. Sie geben dabei Ihre persönlichen Daten an, Ihre steuerliche Identifizierungsnummer sowie ein Referenzkonto, auf das Beträge vom Depotkonto ausgezahlt werden können. Ein Depot verfügt nämlich über ein eigenes Konto, über das Wertpapiertransaktionen abgerechnet werden können.

Für die Depoteröffnung geben Sie Ihre persönlichen Daten und ein Referenzkonto an.

Bei der Depoteröffnung werden außerdem unter Umständen Ihre Erfahrungen bei der Geldanlage abgefragt. Ich kann Ihnen hier natürlich nicht empfehlen, falsche Angaben zu machen, aber im Zweifelsfall schätzen Sie lieber etwas nach oben, damit Sie später keine Probleme beim Kauf bestimmter Anlageprodukte haben. Mit der Abfrage möchte die Bank in erster Linie sich selbst absichern.

Damit keine andere Person unter Ihrem Namen ein Depot eröffnen kann, müssen Sie sich identifizieren. Das kann entweder durch das Postident-Verfahren erfolgen, bei dem Sie mit Ihrem Ausweis zur Post gehen, oder auch über ein Videoident-Verfahren, bei dem Sie auf Ihrem Smartphone eine App installieren und den Anweisungen einer live verbundenen Person folgen, etwa: »Kippen Sie Ihren Ausweis von links nach rechts« usw. Bei einigen Anbietern, darunter auch Scalable Capital, ist auch eine Identifizierung mit der Online-Ausweisfunktion eID möglich, falls Sie darüber verfügen. Die Eröffnung des Depots dauert in der Regel einige Tage.

Speziell beim Anbieter Scalable gibt es noch etwas zu beachten: Es wird nicht nur ein Depot angeboten, sondern auch eine automatische Vermögensverwaltung namens Scalable Wealth. Hierbei handelt es sich um einen Robo-Advisor, den Sie zumindest in der App ausblenden können.

5.1 Zum Investieren brauchen Sie ein Depot

Brauche ich für die Depotnutzung eine App?

Sie können Scalable Capital im Webbrowser nutzen. Dazu finden Sie auf der Startseite eine *Login*-Schaltfläche, um sich mit Ihren Zugangsdaten anzumelden. Die Smartphone-App bietet jedoch einen einfacheren Zugang und eine automatische Verifizierung, zum Beispiel per Gesichtsscan. Viele Depotanbieter verlangen außerdem eine Smartphone-App, um sich zusätzlich zu identifizieren, wenn Sie sich auf der Webseite anmelden wollen.

Eine Smartphone-App ist also praktisch, kann aber auch dazu verleiten, ständig in Ihr Depot zu schauen, weil Sie es eben dabeihaben und auch neugierig sind. Machen Sie es in einem solchen Fall wie ich: Löschen Sie die App vom Smartphone und installieren Sie sie dann wieder, wenn Sie sie tatsächlich brauchen. Beim Investieren nach dem Buy-and-Hold-Prinzip ist das ständige Nachschauen nämlich eher kontraproduktiv und sollte vermieden werden.

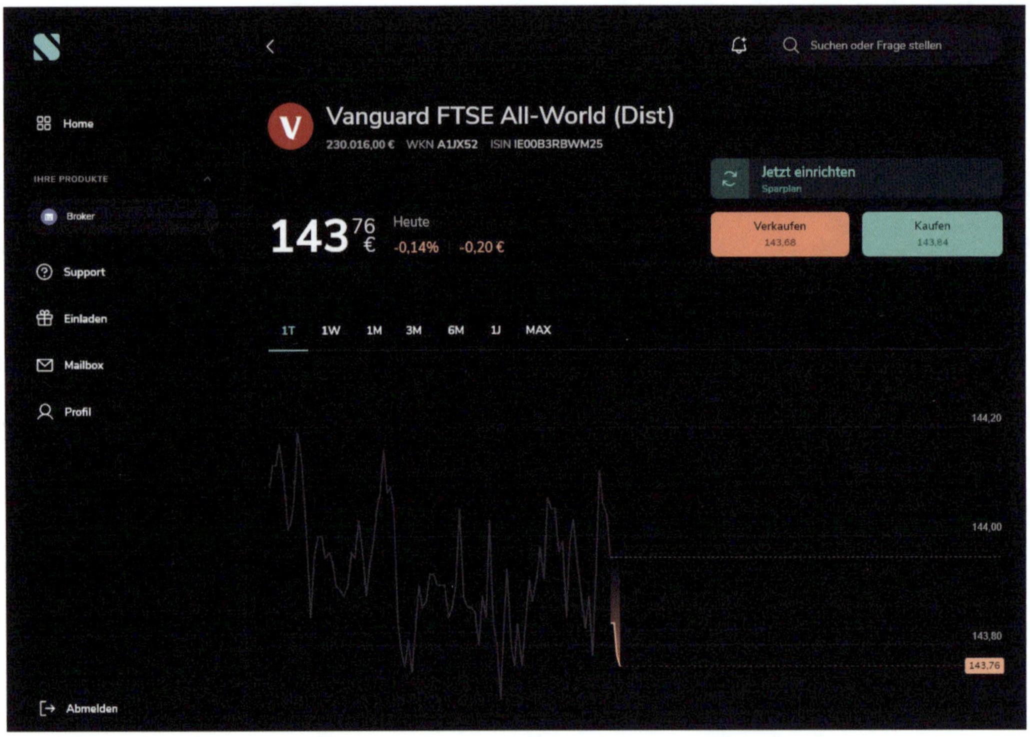

Der Zugang zum Depot kann im Webbrowser erfolgen oder per Smartphone-App.

Und wenn ich zusätzlich ein Tagesgeldkonto wünsche?

Einige Depotanbieter bieten Zinsen auf dem Depotkonto oder – wie im Fall von Scalable Capital – auf einem gesonderten Tagesgeldkonto. Dabei gibt es aber außer der Höhe der Verzinsung einiges zu beachten:

- Die deutsche Einlagensicherung – also die staatliche Absicherung von bis zu 100.000 Euro pro Bank – gilt auch für Depotkonten. Wird das Geld vom Depotanbieter auf mehrere Banken verteilt, multipliziert sich der Einlagensicherungsbetrag entsprechend.
- Es handelt sich manchmal nicht um ein echtes Tagesgeldkonto, sondern das Geld wird in sogenannten Geldmarktfonds angelegt. Diese sind ebenfalls sicher, aber eben kein Tagesgeldprodukt.
- Das Geld auf dem Depotkonto liegen zu haben, kann zur psychologischen Falle werden. Was ist, wenn sich eine günstige Kaufgelegenheit bietet? Würden Sie dann das Geld, das als sicherer Portfolioanteil gedacht ist, antasten? Befragen Sie sich selbst! Falls diese Gefahr besteht, legen Sie Ihr Geld besser auf ein zusätzliches Tagesgeldkonto.

Bei der Eröffnung eines extra Tagesgeldkontos gehen Sie ähnlich vor wie bei der Eröffnung eines Depots. Sie suchen sich eine Vergleichsseite im Internet, beispielsweise https://www.tagesgeldvergleich.net, und suchen nach einem Angebot, das Sie anspricht.

Achten Sie darauf, dass es sich um eine deutsche Bank handelt – bzw. um eine Bank mit einer deutschen Filiale – um sicherzugehen, dass Steuern automatisch abgeführt werden.

Die Kontoeröffnung erfolgt ähnlich wie die Depoteröffnung, das heißt, Sie machen Ihre persönlichen Angaben, geben Ihre steuerliche Identifizierungsnummer und ein Referenzkonto an. Nutzen Sie dann eines der verfügbaren Ident-Verfahren.

Wichtig!

Oft werden hohe Zinsen nur für einen kurzen Zeitraum angeboten, um neue Kunden anzulocken. Wählen Sie eine Bank, die dauerhaft hohe Zinsen bezahlt. Eine Alternative wäre das Tagesgeld-Hopping, bei dem Sie immer wieder nach Angeboten mit dem höchsten Zins Ausschau halten.

Wie suche und untersuche ich Anlageprodukte?

Doch kommen wir zurück zum Depot. Voraussetzung dafür, dass Sie Wertpapiere kaufen können, ist, dass Sie Geld auf Ihr Depotkonto eingezahlt haben. Sie erhalten von Ihrem Depotanbieter eine IBAN (also die internationale Bankkontonummer) und überweisen das Geld an sich selbst. Sobald die Gutschrift erfolgt ist, können Sie mit Wertpapieren handeln.

Wie die Suche nach Wertpapieren funktioniert, zeige ich Ihnen am Beispiel eines in diesem Buch bereits erwähnten ETFs, nämlich dem iShares MSCI ACWI UCITS ETF mit der WKN A1JMDF. Sie können grundsätzlich auch nach dem Namen eines Wertpapiers suchen, besser ist es jedoch, die zugehörige Wertpapierkennnummer (WKN) oder ISIN zu kennen.

5.1 Zum Investieren brauchen Sie ein Depot

So lassen sich Missverständnisse von vornherein ausschließen.

Rufen Sie zunächst die Webseite Ihres Depotanbieters auf. Sie finden – auf der Webseite von Scalable Capital unter dem Navigationspunkt *Broker* – ein Suchfeld. Tippen Sie einen eindeutigen Suchbegriff wie die WKN ein, wird lediglich ein Treffer angezeigt. Würden Sie stattdessen einen Begriff wie *msci* eintippen, würden Sie eine Vielzahl an Treffern erhalten und müssten länger stöbern.

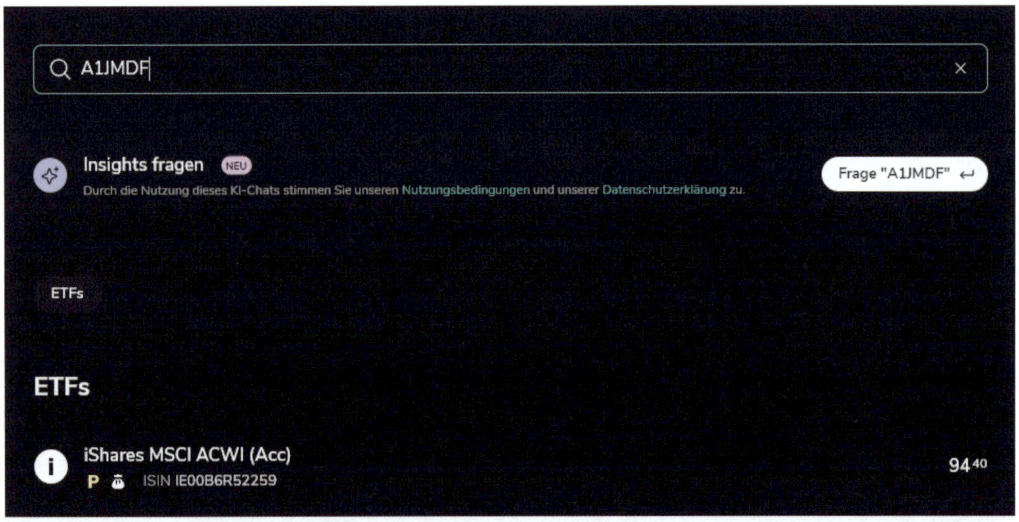

Verwenden Sie für die Suche nach Wertpapieren möglichst einen eindeutigen Begriff wie die WKN.

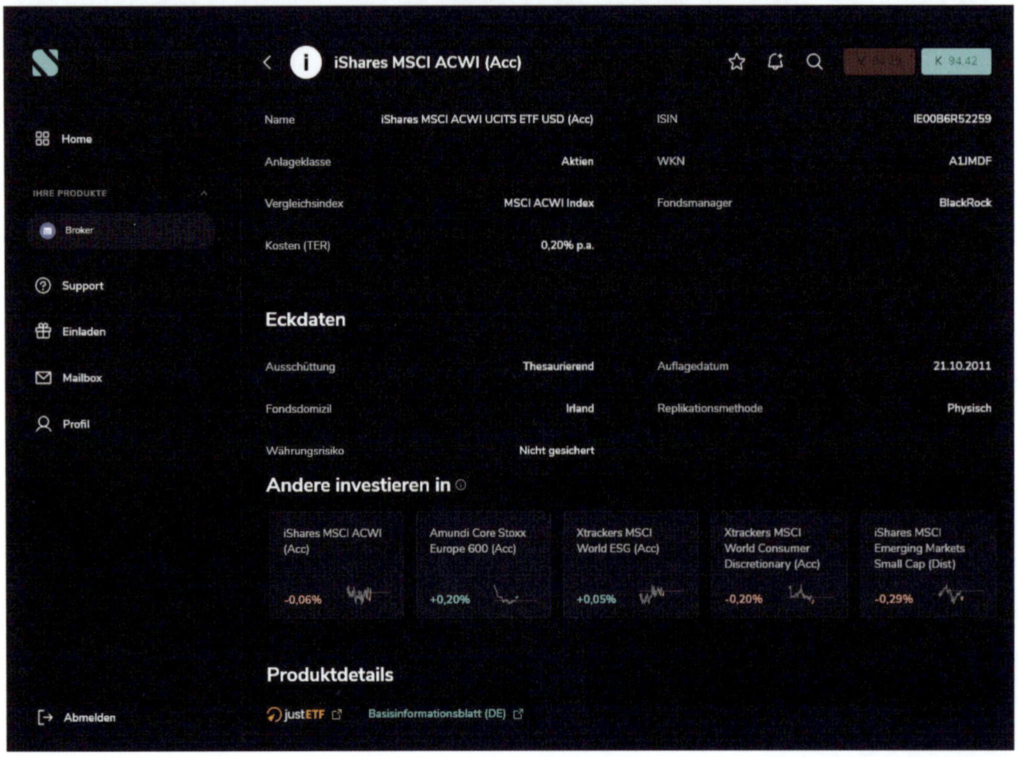

Bevor Sie ein Wertpapier erwerben, sollten Sie sich gründlich darüber informieren.

Rufen Sie das Wertpapier auf, wird Ihnen zuallererst die Kursentwicklung angezeigt. Darunter finden Sie weitere wichtige Informationen, etwa bei einem ETF die TER, also die jährliche Gesamtgebühr, oder ob es sich um ein ausschüttendes oder thesaurierendes Produkt handelt. Schenken Sie auch dem »Basisinformationsblatt« des Wertpapiers Beachtung, denn darin werden Sie näher über die Zusammensetzung und die Risiken informiert.

Die Entwicklung eines Wertpapiers zeigt immer nur die Vergangenheit, und es ist keineswegs so, dass sich diese in der Zukunft fortschreiben muss. Oft ist es sogar so, dass sich Ausreißer nach oben wieder bei einem Mittelwert einpendeln, ein besonders gut gelaufenes Wertpapier im Kurs also erst mal wieder sinken kann. Aber selbst das können Sie nicht im Voraus wissen.

Und mit meinem Depot kann ich jederzeit umziehen?

Wenn Sie mit einem Depotanbieter nicht zufrieden sind bzw. auf einen preiswerteren Anbieter umsteigen möchten, lässt sich ein Depotumzug mit wenigen Handgriffen in die Gänge leiten. Allerdings kann er eine Weile in Anspruch nehmen, und Sie können während eines laufenden Depotübertrags nicht mit den betreffenden Wertpapieren handeln.

Einen unkomplizierten Depotumzug muss jeder Depotanbieter gewährleisten. Auf der Webseite von Scalable Capital finden Sie die Funktion in den *Einstellungen* unter *Depotübertrag*. Sie haben dort die Möglichkeit, zwischen einem eingehenden Depotübertrag und einem ausgehenden Depotübertrag zu wählen.

Sie können sämtliche Wertpapiere übertragen, aber das ist kein Muss. Auch ein Depotübertrag nur bestimmter Wertpapiere ist möglich. Der Übertrag von Verlusttöpfen (vgl. Abschnitt 5.3) ist aber nur bei einem vollständigen Depotumzug möglich.

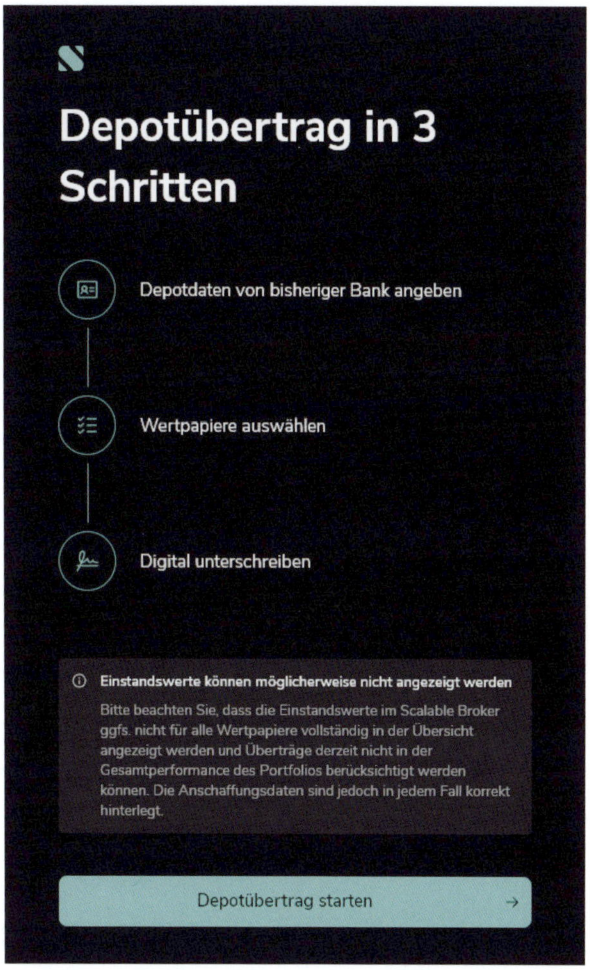

Ein Depotumzug ist rasch in Gang gesetzt, kann aber unter Umständen mehrere Wochen dauern.

5.2 Einmalanlagen tätigen und Sparpläne anlegen

Sie haben ein Depot eröffnet und Geld auf das Depotkonto eingezahlt. Sie wissen bereits, wie Sie ein gesuchtes Wertpapier finden. Was also steht einem Kauf noch im Weg? Allenfalls das Wochenende oder ein Börsenfeiertag. Sowie die Entscheidung, ob Sie lieber eine Einmalanlage tätigen oder einen Sparplan anlegen möchten.

Die Einmalanlage ist psychologisch nicht immer einfach, besonders dann, wenn sehr hohe Beträge im Spiel sind. Was, wenn morgen der Crash kommt? Wäre es dann nicht besser, Sie hätten lediglich einen Teil des Geldes angelegt. Nun, diese Gefahr besteht wirklich, aber die mathematische Wahrscheinlichkeit spricht für die sofortige Einmalanlage. Nur dann, wenn kein Geld für die Einmalanlage zur Verfügung steht, sollten Sie sich für den Weg des Sparplans entscheiden.

Aber bitte: Steinigen Sie mich nicht, wenn die Einmalanlage einen Monat später einen Verlust von 30 % aufweisen sollte – Ihre Anlageentscheidungen treffen Sie selbst und nur Sie allein tragen die Verantwortung dafür! In diesem Buch wird beschrieben, wie Sie für einen sehr langen Zeitraum anlegen, und da sind kurzfristige hohe Verluste zwar ärgerlich und rauben einem vielleicht den Schlaf, auf die Sicht von Jahrzehnten spielen sie jedoch eine untergeordnete Rolle.

Betrachten wir den Unterschied zwischen Einmalage und Sparplan doch einmal an einem Beispiel. Angenommen, Sie hätten vor 30 Jahren eine Einmalanlage von 10.000 Euro in einen weltweiten Aktien-ETF getätigt. Bei einer durchschnittlichen jährlichen Rendite von etwa 7 % wäre Ihr Investment heute auf rund 76.100 Euro angewachsen. Hätten Sie stattdessen über 30 Jahre hinweg monatlich etwa 27,78 Euro (entspricht ebenfalls 10.000 Euro Gesamtinvestition) im Rahmen eines Sparplans investiert, läge der Endwert Ihres Portfolios bei etwa 34.000 Euro.

Dieses Beispiel verdeutlicht, dass die Einmalanlage bei einer langfristig positiven Marktentwicklung in der Regel eine deutlich höhere Rendite erwirtschaftet als der schrittweise Einstieg über einen Sparplan – vorausgesetzt natürlich, Sie investieren zu Beginn in einen Aufwärtstrend und können Marktschwankungen aussitzen. Eine gewisse Coolness gehört schon auch dazu.

Wie tätige ich eine Einmalanlage?

Ehrlich gesagt, ist der Kauf eines Wertpapiers nicht komplizierter, als zum Beispiel ein Buch online zu bestellen. Nur, dass es um mehr Geld geht. Und dass auch bestimmte Kenntnisse dazugehören.

Zunächst einmal ist wichtig zu wissen, dass ein Wertpapierkauf nicht direkt bei der Depotbank, sondern an einer Börse erfolgt. Die Depotbank leitet Ihren Auftrag nur weiter. Das funktioniert heute aber alles elektronisch und geschieht in Sekundenschnelle. Handeln Sie immer zu den Börsenzeiten, denn dann sind die Spreads am kleinsten. Die amerikanischen Börsen haben zum Beispiel von 15:30 Uhr bis 22:00 Uhr deutscher Zeit geöffnet.

Als Spread wird der Unterschied zwischen dem Verkaufs- und dem Ankaufspreis einer Aktie bezeichnet. Die deutsche Übersetzung könnte also »Handelsspanne« lauten. Unser Beispielanbieter Scalable Capital verlangt bei seinem kostenlosen Modell zum Beispiel 99 Cent Gebühren für eine Wertpapierorder. Die Bank verdient aber zusätzlich an den Spreads.

Da Wertpapierkurse regelmäßig schwanken, brauchen Sie diese nicht unbedingt in dieser Minute zu kaufen, sondern können Ihre Order mit einem Limit versehen. Der Kauf wird in diesem Fall erst dann durchgeführt, wenn das Limit – also ein bestimmter Kurs – erreicht ist.

Das klingt etwas abstrakt, oder? Dann machen wir es nun ganz praktisch. Suchen Sie bei Ihrem Depotanbieter nach einem Wertpapier und klicken Sie auf die zugehörige *Kaufen*-Schaltfläche.

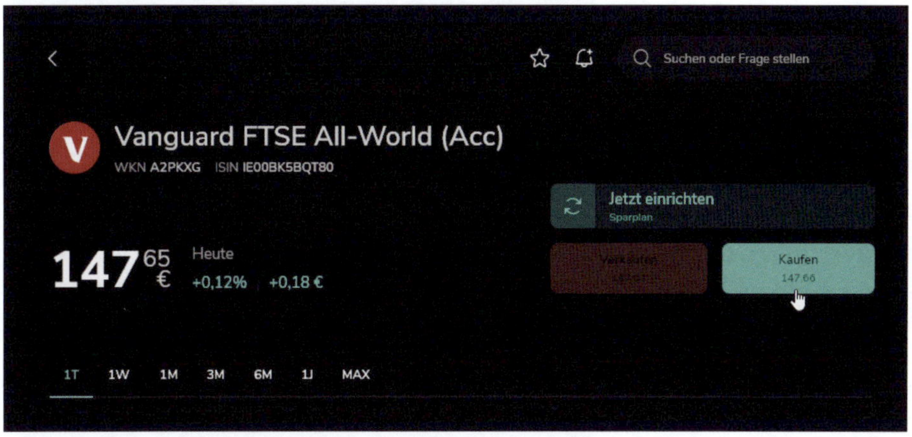

Wenn Sie sich für ein Wertpapier entschieden haben, klicken Sie auf »Kaufen«.

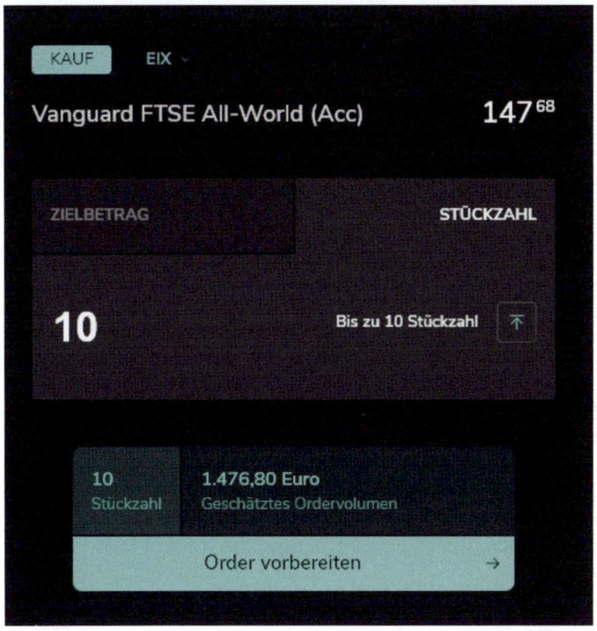

In diesem Beispiel sollen zehn Anteile eines ETFs gekauft werden.

Im nächsten Schritt geben Sie an, wie viele Anteile des Wertpapiers Sie erwerben möchten. Sie können alternativ auch einen Betrag eingeben – die Anzahl der Wertpapiere wird daraufhin automatisch berechnet. Verabschieden Sie sich im Zusammenhang mit der Geldanlage am besten frühzeitig von runden Summen. Auch das Wählen eines anderen Handelsplatzes wäre möglich, doch das ist in unserem Fall nicht erforderlich und würde nur die Kosten erhöhen.

5.2 Einmalanlagen tätigen und Sparpläne anlegen

Nun haben Sie die Möglichkeit, noch ein Limit für den Kauf einzugeben. Als Verkaufspreis wird hier 147,68 Euro angezeigt. Als Limit werden 147,50 Euro gesetzt. Die Order wird also nicht sofort ausgeführt, wenn Sie *Kaufen* wählen, sondern erst dann, wenn das Wertpapier für 147,50 Euro erhältlich ist. Wie lange das Limit gültig ist, richtet sich nach dem jeweiligen Depotanbieter und wird Ihnen mitgeteilt.

Nach dem Kauf, also nachdem die Order ausgeführt wurde, befinden sich die Anteile in Ihrem Depot. Dort wird Ihnen der aktuelle Wert angezeigt. Sie können aber auch sehen, zu welchem Durchschnittskurs Sie die Wertpapiere erworben haben und welchen Gewinn Sie bisher gemacht haben. Auch der Gesamtwert Ihres Depots wird Ihnen angezeigt und wird Sie motivieren, nach mehr zu streben.

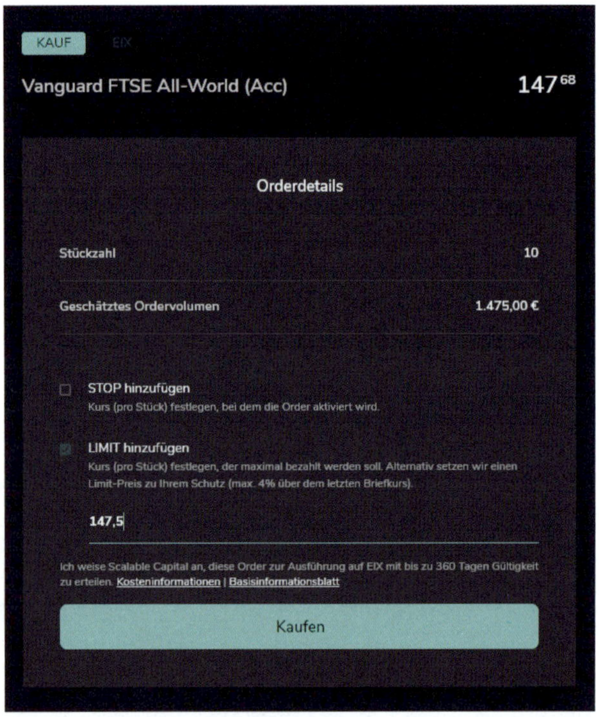

Wenn Sie eine Wertpapierorder mit einem Limit versehen, können Sie beim Kauf Geld sparen.

Wie lege ich einen automatisierten Sparplan an?

Die Alternative zur Einmalanlage ist der Sparplan. Dieser funktioniert so ähnlich wie ein Abo, aber ein Abo, das Ihnen Geld einbringt. Sie wählen ein Wertpapier und entscheiden, wie häufig und wie viel Sie in dieses Wertpapier investieren möchten. Der Sparplan wird dann zum festgelegten Zeitpunkt automatisch ausgeführt. Je nach Depotanbieter kann die Abbuchung entweder direkt vom Depotkonto oder von Ihrem Girokonto erfolgen.

Auch das machen wir ganz konkret. Suchen Sie ein Wertpapier aus. Nicht alle Wertpapiere sind sparplanfähig. Wenn ein Sparplan möglich ist, wird Ihnen dies angezeigt. Bei Scalable Capital klicken Sie auf die Schaltfläche *Jetzt einrichten*.

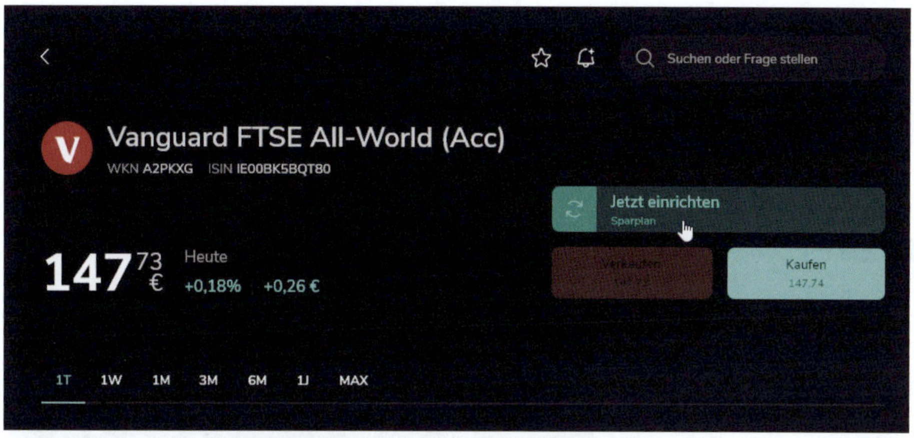

Richten Sie einen Sparplan ein, wenn Sie nicht einen Haufen Geld auf einmal anlegen können oder wollen.

Am wichtigsten ist die Angabe der Sparrate. Sie wählen eine Rate, die Sie sich regelmäßig ohne Probleme leisten können; im Beispiel sind es 100 Euro. Wie Sie in der Abbildung sehen, könnten Sie eine Inflationsanpassung wählen, doch das lassen wir weg. Sie werden die Sparrate bei wachsendem Einkommen bestimmt sowieso nach oben anpassen. Im Beispiel wird außerdem die monatliche Ausführung am 4. jedes Monats gewählt. Abgebucht werden soll das Geld vom Depotkonto, das hier Verrechnungskonto genannt wird. Haben Sie alle Angaben gemacht, klicken Sie auf *Sparplan aktivieren*.

Erstellen Sie so viele Sparpläne, wie Sie brauchen, um ein diversifiziertes Depot zu gestalten. Übrigens lässt sich auch in Einzelaktien per Sparplan investieren, falls ich Sie davon nicht abbringen konnte.

Etwas lästig bei Sparplänen ist, dass Sie nicht nur ganze Wertpapiere kaufen, sondern oft nur einen Teil. Kostet ein Wertpapier zum Beispiel 147 Euro, Sie investieren aber nur 100 Euro, erhalten Sie eben nur einen Anteil von etwa 0,68 an dem Wertpapier. Das ist aber ein rein ästhetisches Problem, auch die Teilstücke lassen sich später problemlos verkaufen.

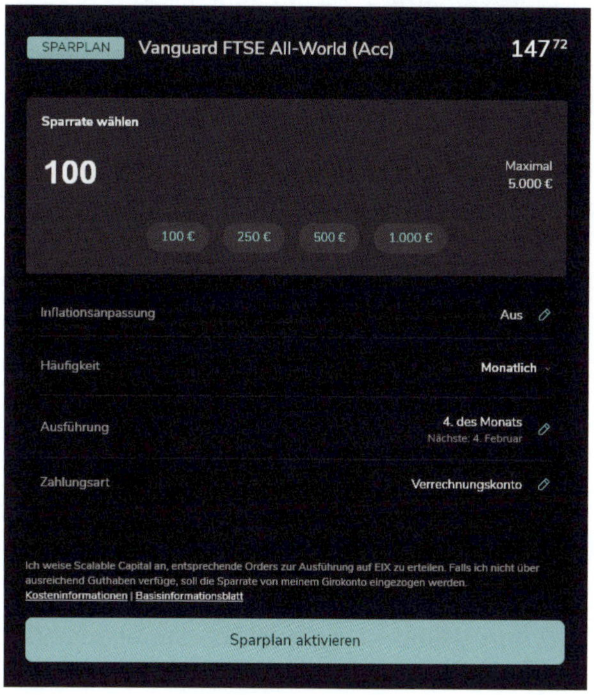

Sobald Sie den Sparplan aktivieren, ist Ihre Geldanlage automatisiert, und Sie können in 30 Jahren wieder vorbeischauen.

5.2 Einmalanlagen tätigen und Sparpläne anlegen

Wie kann ich ein Wertpapier wieder verkaufen?

Nun hatten wir ja schon gesagt, dass Sie Ihre goldene Gans nicht schlachten sollten. Allenfalls sollten Sie goldene Eier aus dem Nest nehmen. Aber vielleicht sind Sie mal mit einem Wertpapier unzufrieden und wollen ein anderes kaufen. Oder Sie möchten Ihr Portfolio umschichten. Der Verkauf an der Börse erfolgt genauso wie der Kauf in Sekundenschnelle. Es ist ein ähnlicher Vorgang wie beim Kaufen des Wertpapiers, nur dass Sie jetzt logischerweise auf die *Verkaufen*-Schaltfläche klicken.

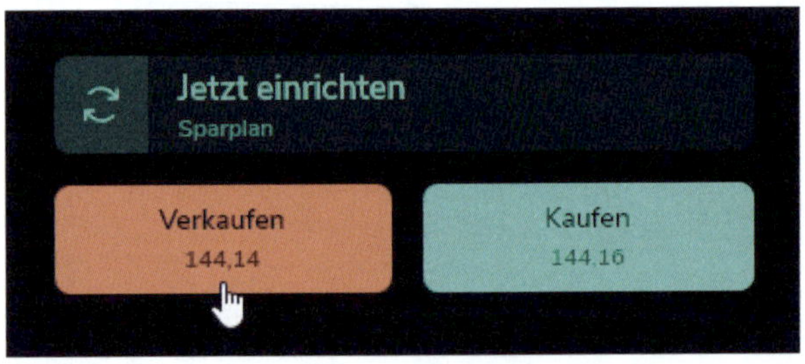

Besitzen Sie ein Wertpapier, können Sie nicht nur auf »Kaufen«, sondern auch auf »Verkaufen« klicken.

Wie beim Kauf wählen Sie zunächst den gewünschten Betrag oder die Stückzahl aus. Im Beispiel wird die Stückzahl *10* eingegeben. Dann wird mit der Schaltfläche *Order vorbereiten* bestätigt. Nun haben Sie wieder die Möglichkeit, die Order mit einem Limit zu versehen, dieses Mal mit einem Verkaufslimit. Die Order wird also erst dann ausgeführt, wenn das Limit erreicht ist. Die Abbildung zeigt, dass für das Wertpapier 144,16 Euro angeboten werden. Das Limit wird jedoch auf 145 Euro gesetzt. Das Wertpapier wechselt also nicht den Besitzer, bevor dieses Limit mindestens erreicht ist oder der Preis sogar noch höher liegt. Bestätigt wird mit der *Verkaufen*-Schaltfläche.

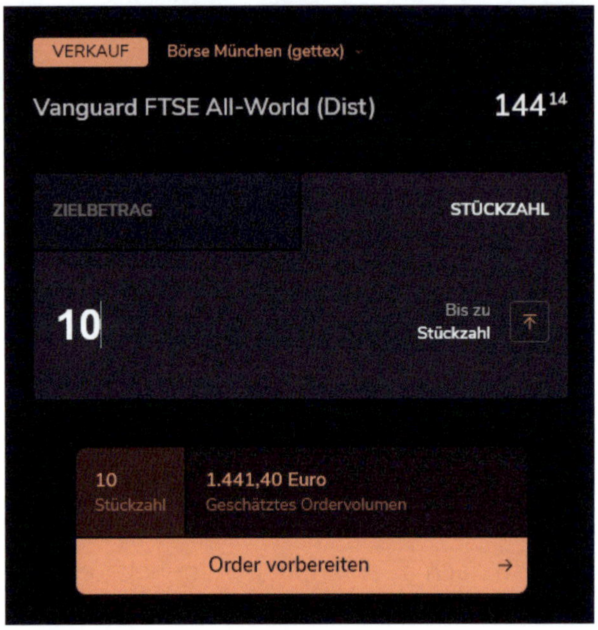

Bestimmen Sie, wie viele Wertpapiere Sie verkaufen möchten.

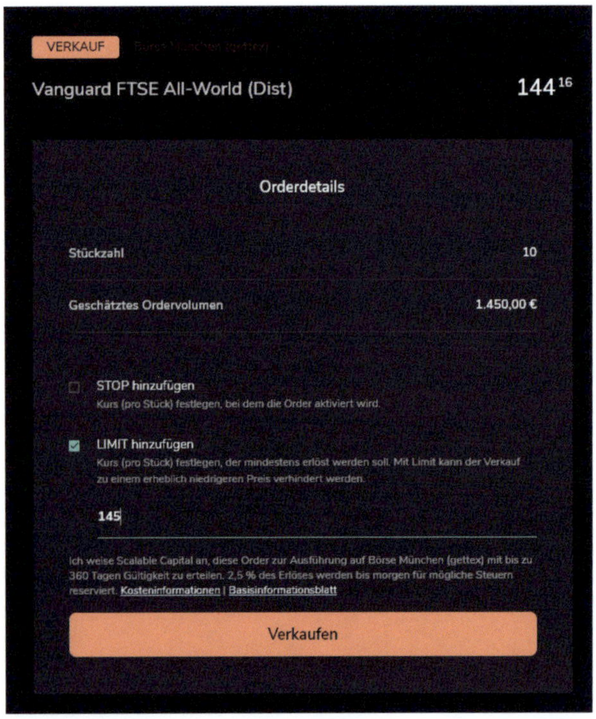

Versehen Sie Ihre Order auch beim Verkauf eines Wertpapiers mit einem Limit.

Nach dem Verkauf wird Ihnen das Geld auf dem Depotkonto bzw. Verrechnungskonto gutgeschrieben. Von dort könnten Sie es auf Ihr Girokonto transferieren oder eben im Depot anderweitig investieren. Die Ordergebühr sowie eine etwaige Steuer auf den Kursgewinn sollten von dem Betrag bereits automatisch abgezogen sein. Eine Wertpapierabrechnung erfolgt in der Regel einige Tage später.

Als aufmerksamer Leser haben Sie in der Abbildung sicherlich gesehen, dass dort auch ein *STOP* angeboten wird. Während das Verkaufslimit ein Limit nach oben ist, also ein Limit über dem aktuellen Kurs, um das Wertpapier teurer verkaufen zu können, ist die Stop-Order ein Limit nach unten. Das kann Sie vor größeren Verlusten bewahren, wenn ein Wertpapier nach unten rauscht. Man spricht deshalb manchmal auch vom Stop-Loss-Limit.

Stop-Orders sind vor allem bei kurz- oder mittelfristigen Spekulationen interessant. Haben Sie zum Beispiel mit einer Aktie einen schönen Gewinn erzielt, möchten Sie nicht alles wieder hergeben, aber eine gut laufende Aktie vielleicht auch nicht verkaufen. In diesem Fall könnten Sie Ihren Gewinn mithilfe einer Stop-Order absichern. Aber das ist schon ein Thema, dass Sie bei der langfristigen Buy-and-Hold-Geldanlage gar nicht so sehr interessieren sollte.

5.3 In Sachen Steuer auf der sicheren Seite

Nun müssen wir langsam auch das Thema Steuer ansprechen, wobei hier nur die deutsche Gesetzeslage beschrieben wird, um das Ganze nicht noch mehr zu verkomplizieren.

Wenn Sie in Deutschland ansässig sind und Kapitalerträge erzielen – dazu zählen Gewinne aus dem Verkauf von Aktien, Erträge aus Fonds und ETFs, aber auch Zinsen auf Sparguthaben oder Anleihen – werden Sie steuerpflichtig. Bezahlt werden muss in diesem Fall die Kapitalertragsteuer. Allerdings nur dann, wenn der Gewinn den Freistellungsauftrag überschreitet – sofern Sie einen solchen eingerichtet haben. Klingt das kompliziert? Nein, so schlimm ist es gar nicht. Nehmen wir uns den Brocken häppchenweise vor.

Was ist die Kapitalertragsteuer oder Abgeltungsteuer?

Eine Kapitalertragsteuer bezahlen Sie auf alle Ihre Kapitalerträge. Hierbei wird die Inflationsrate gemeinerweise nicht berücksichtigt. Die Kapitalertragsteuer an sich gibt es in Deutschland schon seit 1920. Erst 2009 wurde aber die Abgeltungsteuer eingeführt – so wird die von Banken automatisch abgeführte Kapitalertragsteuer genannt. Sie brauchen sich seither nicht mehr darum zu kümmern, die Steuer selbst abzuführen, sondern das erledigt Ihre deutsche Bankfiliale.

Die Abgeltungsteuer beträgt pauschal 25 % auf alle Kapitalerträge. Der damalige Finanzminister Peer Steinbrück meinte dazu: »Besser 25 Prozent von X als 42 Prozent von nix.« Denn viele Anleger und Anlegerinnen hatten ihre Steuern damals einfach nicht deklariert. So liegt die Abgeltungsteuer nun zwar deutlich über dem Einkommensteuersatz vieler Menschen, aber der Staat kann sich über sichere Steuereinnahmen freuen. Zur Abgeltungsteuer kommt auch noch der Solidaritätszuschlag, das sind noch mal 5,5 % auf die Steuer, also eine Mehrbelastung von 1,375 %. Und sind Sie kirchensteuerpflichtig, kommt die Kirchensteuer ebenfalls noch obendrauf. Es ergeben sich also die folgenden Steuerabzüge.

- Ohne Kirchensteuer: 26,375 %
- Mit Kirchensteuer 8 % (in Bayern und Baden-Württemberg): 27,8186 %
- Mit Kirchensteuer 9 % (alle anderen Bundesländer): 27,9951 %

Lassen Sie uns das an einem konkreten Beispiel durchrechnen, wobei wir davon ausgehen, dass der Freistellungsauftrag, den Sie gleich noch kennenlernen werden, bereits aufgebraucht ist. Ordergebühren lassen wir der Einfachheit halber ebenfalls außen vor, obwohl diese selbstverständlich den Gewinn mindern. In unserem Beispiel haben Sie eine Aktie für 1.000 Euro gekauft und verkaufen diese einige Jahre später für 1.500 Euro. Ihr Gewinn beträgt also 500 Euro. Oder etwa doch nicht?

Die Bank schreibt Ihnen auf Ihrem Depotkonto nur den Betrag abzüglich der automatisch abgeführten Steuern gut. Zunächst werden Ihnen die steuerlichen Abzüge gezeigt.

- Ohne Kirchensteuer:
  500 x 0,26375 = 131,88 Euro
- Mit Kirchensteuer 8 %:
  500 x 0,278186 = 139,09 Euro
- Mit Kirchensteuer 9 %:
  500 x 0,279951 = 139,98 Euro

Von Ihrem Gewinn geht also deutlich über ein Viertel verloren. Natürlich zeige ich Ihnen auch, wie viel von dem Gewinn übrig bleibt bzw. welcher Gesamtbetrag Ihnen gutgeschrieben wird.

- Ohne Kirchensteuer:
  1.500 – 131,88 = 1.368,12 Euro
- Mit Kirchensteuer 8 %:
  1.500 – 139,09 = 1.360,91 Euro
- Mit Kirchensteuer
  9 %: 1.500 – 139,98 = 1.360,02 Euro

Damit in Sachen Steuer bei der Geldanlage keine bösen Überraschungen drohen, machen Sie sich von Anfang an klar, was auf Sie zukommt.

Die Abgeltungsteuer wird nur auf Gewinne fällig, die tatsächlich anfallen, also auf gutgeschriebene Zinsen, auf Ausschüttungen eines ETFs, auf Kursgewinne eines verkauften Wertpapiers usw. Solange das Wertpapier hingegen nicht verkauft ist, wird diese Steuer nicht fällig und Sie profitieren von einem Steuerstundungseffekt. Das bedeutet, dass das Geld, das Sie sonst beim Finanzamt abliefern müssten, weiter über Jahre und Jahrzehnte für Sie arbeiten kann. Dass es als kleine Einschränkung die Vorabpauschale gibt, wurde bereits erwähnt, und dazu kommen wir auch noch mal. Übrigens gilt beim Verkauf von Wertpapieren das FIFO-Prinzip: first in, first out. Die Wertpapiere werden in der Reihenfolge ihres Erwerbs verkauft, die ältesten Käufe zuerst. Bei diesen steht oft der höchste Gewinn zu Buche.

5.3 In Sachen Steuer auf der sicheren Seite

Ist die Abgeltungsteuer bei allen Anlageformen gleich?

Die oben genannten Steuern an sich bleiben immer die gleichen. Aber bei Fonds, die Aktien beinhalten – dazu zählen natürlich auch Aktien-ETFs – profitieren Sie von einer Teilfreistellung der Erträge. Die Teilfreistellungen wurden eingeführt, um eine Doppelbesteuerung zu vermeiden, weil ja auch die Fondsgesellschaften bereits Steuern auf die Erträge bezahlt haben.

Beträgt der Aktienanteil in einem Fonds mindestens 51 %, beträgt die Teilfreistellung 30 %. Beträgt der Aktienanteil mindestens 25 %, aber weniger als 51 %, liegt die Teilfreistellung bei nur 15 %. Aber was bedeutet das nun genau?

Wir ziehen noch einmal die 500 Euro Gewinn heran, wobei sie diesmal aus dem Verkauf eines Fonds stammen. Bei einer Teilfreistellung von 30 % müssen Sie lediglich 70 % dieses Gewinns versteuern. Sie rechnen also: 500 x 0,7 = 350. Und die abzuführende Steuer fällt deutlich geringer aus.

- Ohne Kirchensteuer:
  350 x 0,26375 = 92,31 Euro
- Mit Kirchensteuer 8 %:
  350 x 0,278186 = 97,37 Euro
- Mit Kirchensteuer 9 %:
  350 x 0,279951 = 97,98 Euro

Bei einer Teilfreistellung von 15 % versteuern Sie 85 % des Gewinns, also: 500 x 0,85 = 425 Euro. Auch das rechnen wir einmal durch.

- Ohne Kirchensteuer:
  425 x 0,26375 = 112,09 Euro
- Mit Kirchensteuer 8 %:
  425 x 0,278186 = 118,23 Euro
- Mit Kirchensteuer 9 %:
  425 x 0,279951 = 118,98 Euro

Auch in steuerlicher Hinsicht zeigt sich ein von mir empfohlener weltweiter Aktien-ETF also attraktiv.

Geldanlage mit staatlicher Förderung

Falls es Sie nicht stört, dass der Staat seine Hand auf Ihre Geldanlage legt, könnte das ab dem 1. Januar 2027 in Deutschland eingeführte Altersvorsorgedepot für Sie interessant sein.

Sie können auf das investierte Kapital dann aber erst im Rentenalter zugreifen. Das macht Sie in Ihrer Lebensplanung ein Stück weit unflexibel. Dafür bleiben alle Erträge in der Ansparphase steuerfrei, und es gibt sogar jährliche staatliche Zulagen auf Ihre Investitionen. Steuern werden erst bei der Auszahlung fällig. Rein rechnerisch kann sich das durchaus lohnen und ist definitiv sinnvoller als die früheren Riester- und Rürup-

Renten. Die Altersvorsorgedepots werden von den verschiedenen Depotbanken angeboten. Achten Sie in jedem Fall darauf, dass die Effektivkosten nicht die Vorteile auffressen.

Und wenn ich Verluste machen sollte?

Da die Börse keine Einbahnstraße ist, kann es sein, dass Sie sich von einer Aktie für 500 Euro trennen, obwohl diese einmal 1.000 Euro gekostet hat. Sie machen also einen Verlust in Höhe von 500 Euro. Die gute Nachricht lautet: Ihre Verluste werden mit Ihren Gewinnen verrechnet. Bei Ihrer Depotbank werden – nach der Rechtslage Anfang 2026 – zwei verschiedene »Verlustverrechnungstöpfe« geführt.

Im Aktien-Verlustverrechnungstopf werden ausschließlich Verluste aus Aktienverkäufen notiert, und die Verluste können ausschließlich mit Gewinnen aus Aktienverkäufen verrechnet werden. Dividendenausschüttungen, die Ausschüttungen eines Aktien-ETFs, Zinszahlungen und alles Weitere landen hingegen in einem allgemeinen Verlustverrechnungstopf – die hier notierten Verluste können mit allen Gewinnen verrechnet werden, außer eben mit den Gewinnen aus Aktienverkäufen. Klingt komisch, ist aber so.

Die Verlustverrechnungstöpfe werden, wenn Sie sie nicht »aufbrauchen«, für das folgende Jahr übernommen. Bei einem vollständigen Depotumzug achten Sie darauf, dass die Verlustverrechnungstöpfe mit übertragen werden.

Eine kleine Gemeinheit gibt es auch hier noch: Im Fall von Gewinnen wird immer erst an den Verlustverrechnungstöpfen geknabbert. Ein Freistellungsauftrag greift erst, wenn Sie tatsächlich Steuern bezahlen müssten. Ende 2026 wird ein Urteil des Bundesverfassungsgerichts erwartet. Darin wird entschieden, ob die zwei Verlustverrechnungstöpfe beibehalten oder zusammengeführt werden.

Was ist ein Freistellungsauftrag?

Ihnen steht als Einzelperson ein sogenannter Sparerpauschbetrag in Höhe von 1.000 Euro pro Jahr zur Verfügung. Bei verheirateten Paaren bzw. eingetragenen Lebenspartnerschaften sind es sogar 2.000 Euro pro Jahr. Kapitalerträge bis zu den genannten Summen bleiben steuerfrei, und nur, was darüber liegt, muss versteuert werden.

Damit Ihr Sparerpauschbetrag automatisch berücksichtigt wird, legen Sie einen Freistellungsauftrag an. Sie können die Summe auch auf mehrere Banken verteilen. Dabei müssen Sie jedoch unbedingt darauf achten, dass die Summe Ihrer Freistellungsaufträge nicht die Höhe Ihres Sparerpauschbetrags überschreitet, sonst haben Sie ein Problem mit dem Finanzamt, und das wollen Sie nicht.

Das Einrichten eines Freistellungsauftrags erfolgt direkt bei der jeweiligen Bank. Auf der Webseite von Scalable Capital aus unserem Beispiel würden Sie den Navigationspunkt *Profil* und anschließend den Reiter *Steuern* wählen. Dort finden Sie schließlich eine Schaltfläche zum Erstellen bzw. Ändern Ihres Frei-

5.3 In Sachen Steuer auf der sicheren Seite

stellungsauftrags. Wählen Sie zwischen einer Einzelveranlagung oder einer gemeinsamen Veranlagung als (verheiratetes bzw. eingetragenes) Paar. Im Beispiel wird der Freistellungsauftrag auf 800 Euro festgelegt, um weitere 200 Euro des Sparerpauschbetrags bei einer anderen Bank verwenden zu können. Das Ganze erfordert eine gewisse Voraussicht, bei welchen Banken welche Kapitalerträge anfallen, aber Sie können den Freistellungsauftrag auch noch unterjährig anpassen.

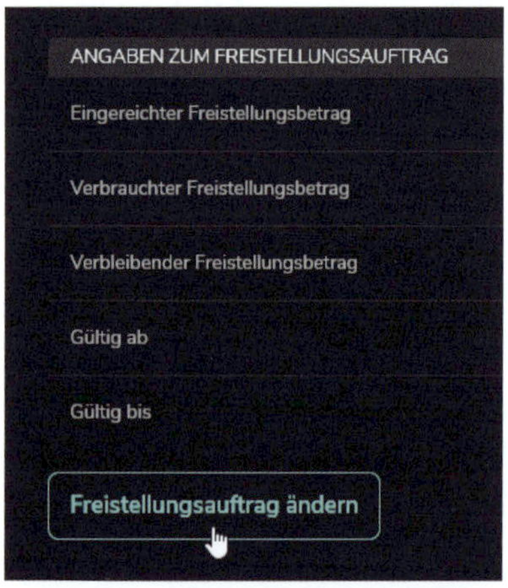

Einen Freistellungsauftrag sollten Sie unbedingt einrichten, um dem Finanzamt kein Geld zu schenken.

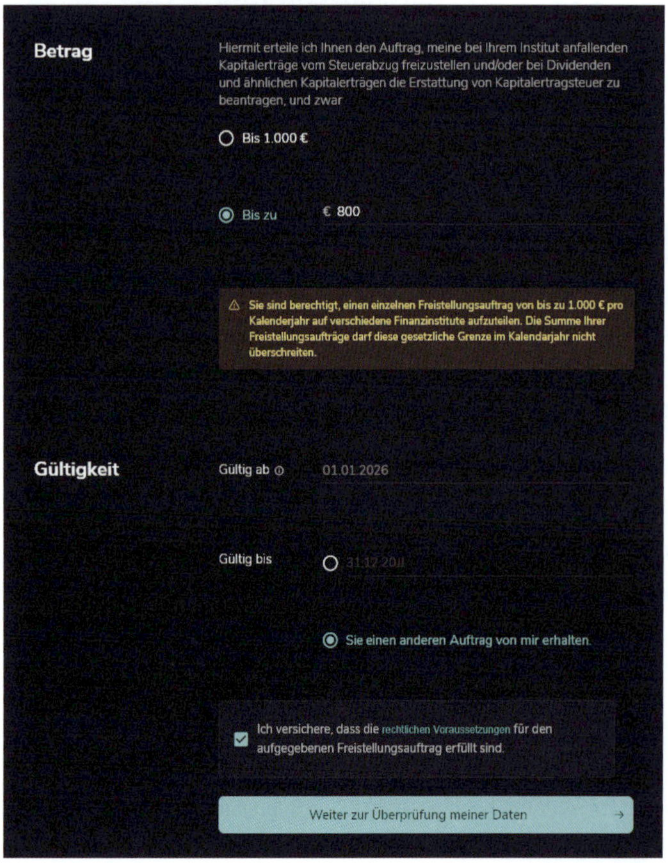

Behalten Sie beim Einrichten mehrerer Freistellungsaufträge die Gesamthöhe Ihres Sparerpauschbetrags im Blick.

Wie wird die Vorabpauschale berechnet?

Die 2018 eingeführte Vorabpauschale lässt sich leider nicht vorausplanen, da vom Finanzamt für jedes Jahr ein neuer Basiszins bekanntgegeben wird, nach dem die Vorabpauschale berechnet wird. Im ersten Jahr, also 2018, lag dieser Basiszins bei 0,87 %. 2021 lag er sogar bei -0,45 %, effektiv wurde also gar keine Vorabpauschale erhoben. Als Basiszins für das Jahr 2025 wurden 2,53 % festgelegt. Und der für das Jahr 2026 festgelegte (und Anfang 2027 erhobene) Basiszins beträgt 3,2 %.

Die Vorabpauschale wird auf Wertsteigerungen erhoben. War ein thesaurierender Aktienfonds am 1.1. 10.000 Euro wert und der Wert beträgt am 31.12. 12.000 Euro, beträgt die Wertsteigerung also zunächst 2.000 Euro. Wegen der Teilfreistellung sind davon aber nur 70 % steuerpflichtig. Die Vorabpauschale wird also auf lediglich 1.400 Euro fällig und beträgt bei einem Basiszins von 3,2 %:

1.400 x 0,032 = 44,80 Euro

Da aber häufig zu verschiedenen Zeitpunkten innerhalb eines Jahres gekauft wird, lassen sich die Wertsteigerungen meist nur mit sehr viel Mühe nachvollziehen. Bei ausschüttenden Fonds werden die bereits versteuerten Ausschüttungen gegengerechnet. Doch je höher der Basiszins ist, desto höher ist die Wahrscheinlichkeit, dass auch auf ausschüttende Aktienfonds eine Vorabpauschale fällig wird.

Ist der Freistellungsauftrag nicht ausgeschöpft, wird die Vorabpauschale mit Ihrem Sparerpauschbetrag verrechnet. Andernfalls sollten Sie zum Jahresbeginn immer ausreichend Cash auf dem Depotkonto vorhalten, damit die Depotbank die Vorabpauschale automatisch einziehen kann.

Was hat es mit der Quellensteuer auf sich?

Die Themen Abgeltungsteuer, Vorabpauschale und Freistellungsauftrag sind auf alle Fälle am wichtigsten. Wenn Sie weltweit investieren – etwa in internationale Aktien oder globale Fonds –, bekommen Sie es aber eventuell auch noch mit der sogenannten Quellensteuer zu tun. Viele Länder behalten beim Ausschütten von Dividenden oder Zinsen einen Teil der Erträge direkt an der Quelle ein. Die Höhe der Quellensteuer ist je nach Land unterschiedlich und kann zwischen 0 % und 35 % liegen. Deutschland hat mit vielen Staaten Doppelbesteuerungsabkommen geschlossen, um eine doppelte Besteuerung zu vermeiden. Ein Teil der ausländischen Quellensteuer kann deshalb auf die deutsche Abgeltungsteuer angerechnet werden. Halten Sie entsprechende Anlageprodukte, können Sie prüfen, ob für das jeweilige Land eine vollständige oder teilweise Rückerstattung möglich ist. Das erfordert oft das Ausfüllen von Formularen und die Einreichung verschiedener Nachweise. Bei manchen Depotbanken kann der Antrag auf Quellensteuerentlastung direkt online gestellt werden, aber nicht bei allen. Bei hohen Dividendenzahlungen aus dem Ausland kann sich der Aufwand durchaus lohnen, da so mehr Nettoertrag übrig bleibt. Ich empfehle Ihnen in diesem Fall, alle Belege und Steuerbescheinigungen sorgfältig aufzubewahren, um bei Bedarf die Anrechnung der Quellensteuer in der Steuererklärung korrekt nachweisen zu können.

5.3 In Sachen Steuer auf der sicheren Seite

Muss ich meine Kapitalerträge in der Steuererklärung deklarieren?

Wenn Sie ausschließlich Banken gewählt haben, die fällige Steuern automatisch abführen, und wenn Sie Ihren Sparerfreibetrag korrekt verteilt haben, ist die Deklaration Ihrer Kapitalerträge beim Finanzamt nicht zwingend erforderlich. In manchen Fällen kann dies aber doch notwendig werden, etwa wenn Sie Zinsen von einer ausländischen Bank erhalten, um ausländische Quellensteuern anzurechnen etc. Auch könnte es sein, dass Ihr persönlicher Steuersatz unterhalb der Abgeltungsteuer angesiedelt ist – in diesem Fall könnten Sie sich die zu viel bezahlte Steuer erstatten lassen.

Dazu dient die Anlage KAP, die im ELSTER-Portal des Finanzamts Ihrer Einkommensteuererklärung hinzugefügt werden kann. Ich kann allerdings keine Steuerberatung übernehmen. Wenn Sie sich bei diesem Thema unsicher fühlen, konsultieren Sie bitte eine Kanzlei für Steuerfragen. Auch direkt beim Finanzamt kann man sich die eine oder andere Frage kostenlos beantworten lassen.

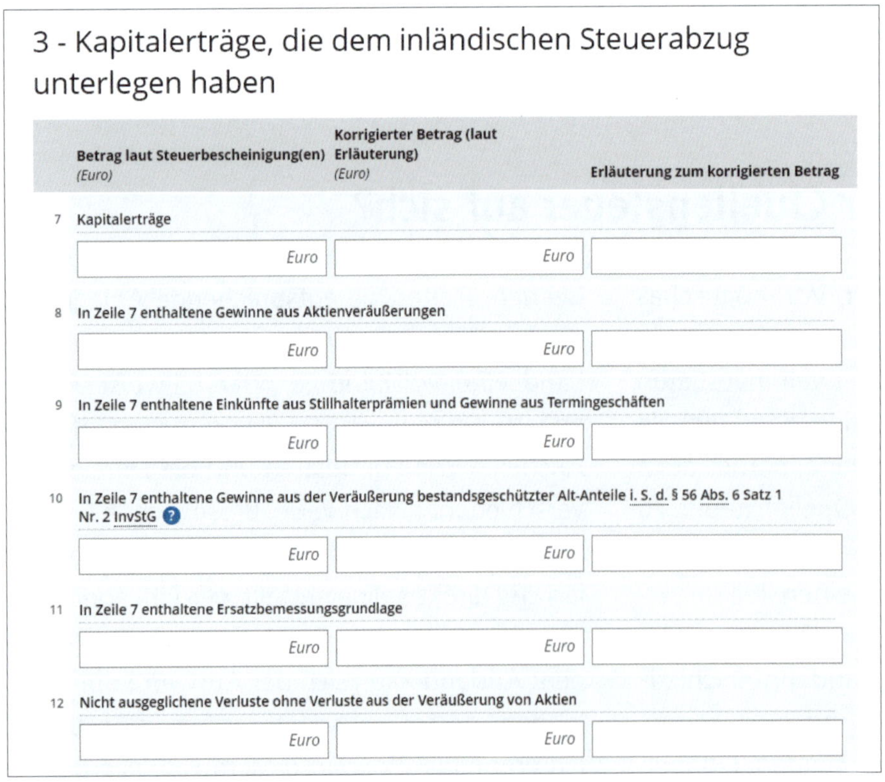
3 - Kapitalerträge, die dem inländischen Steuerabzug unterlegen haben

	Betrag laut Steuerbescheinigung(en) (Euro)	Korrigierter Betrag (laut Erläuterung) (Euro)	Erläuterung zum korrigierten Betrag
7 Kapitalerträge	Euro	Euro	
8 In Zeile 7 enthaltene Gewinne aus Aktienveräußerungen	Euro	Euro	
9 In Zeile 7 enthaltene Einkünfte aus Stillhalterprämien und Gewinne aus Termingeschäften	Euro	Euro	
10 In Zeile 7 enthaltene Gewinne aus der Veräußerung bestandsgeschützter Alt-Anteile i. S. d. § 56 Abs. 6 Satz 1 Nr. 2 InvStG	Euro	Euro	
11 In Zeile 7 enthaltene Ersatzbemessungsgrundlage	Euro	Euro	
12 Nicht ausgeglichene Verluste ohne Verluste aus der Veräußerung von Aktien	Euro	Euro	

Die Anlage KAP kann im ELSTER-Portal des Finanzamts ausgefüllt werden; natürlich müssen Sie auch die entsprechenden Bescheinigungen vorhalten.

5.4 Als Paar und für Kinder investieren

Widmen wir uns nun noch einem weiteren brennenden Thema: Wie sieht es eigentlich bei der Geldanlage in der Partnerschaft aus? Es ist doch sicher keine gute Idee, wenn nur der Mann sich um alles kümmert und die Frau meint, es wird schon alles gut werden? Tatsächlich war das in früheren Zeiten oft der Fall. Inzwischen haben Frauen beim Thema Geldanlage aber längst aufgeholt. Und das ist auch gut so, denn Frauen sind – im Durchschnitt – bei der Geldanlage erwiesenermaßen weniger impulsiv, und das wiederum verschafft ihnen eine etwas bessere Performance.

Hier soll einmal kurz zur Sprache kommen, wie Sie als Paar bzw. in der Familie Geld anlegen können. Und was würde dann im Fall einer Scheidung mit dem angelegten Geld passieren? Auch darüber machen wir uns natürlich Gedanken. Schließlich wird Ihnen noch gezeigt, wie Sie – in einem eigenen Depot – jetzt schon Geld für Ihr Kind anlegen können.

Ist das gemeinsame Anlegen als Paar sinnvoll?

Wenn Sie verheiratet sind oder eine eingetragene Lebenspartnerschaft führen (eine solche konnte von 2001 bis 2017 geschlossen werden), machen Sie sich natürlich auch Gedanken über die gemeinsamen Finanzen. Möchten Sie Ihr Vermögen gemeinsam verwalten oder doch lieber strikt getrennt halten?

Beide Varianten haben Vor- und Nachteile, die jedes Paar für sich abwägen muss. Ein gemeinsames Depot oder Konto kann den Überblick erleichtern und ist praktisch, um gemeinsame Ziele wie einen Immobilienkauf oder die Altersvorsorge in Angriff zu nehmen. Bei Sparplänen kann gemeinsam investiert werden, was die Verwaltung vereinfacht und möglicherweise auch Gebühren spart.

Allerdings bringt ein gemeinsames Depot auch Verpflichtungen mit sich. Beide Partner sind gleichberechtigte Eigentümer, was im Fall von Streit oder Trennung zu Problemen führen kann. Außerdem sollte klar geregelt sein, wer wie viel einzahlt und wie bei einer Trennung mit dem Guthaben verfahren wird.

Wer weiterhin finanzielle Unabhängigkeit wahren möchte, kann getrennte Depots führen und nur bestimmte Summen oder Anlagen gemeinsam verwalten. So bleibt jeder flexibel und behält die Kontrolle über die eigenen Finanzen. Ein gemeinsames Depot dient dann den gemeinsamen Zielen, dazu hat jeder Partner jeweils ein separates Depot.

5.4 Als Paar und für Kinder investieren

Was würde bei einer Scheidung mit dem gemeinsamen Vermögen geschehen?

Solange der Himmel voller Geigen hängt, sind auch das gemeinsame Girokonto und die gemeinsamen Investitionen in einem Depot kein Problem. Kommt es jedoch zur Trennung und Scheidung, stellt sich schnell die Frage nach der Aufteilung des gemeinsam Ersparten.

Entscheidend ist, wem das Geld bzw. die Wertpapiere vertraglich gehören. Bei einem Gemeinschaftsdepot steht grundsätzlich beiden Partnern jeweils die Hälfte der Anteile zu, es sei denn, etwas anderes wurde schriftlich vereinbart. Bei getrennten Depots bleibt das Vermögen im jeweiligen Eigentum des Inhabers.

Im Rahmen des Zugewinnausgleichs werden Wertzuwächse während der Ehe jedoch grundsätzlich geteilt, sofern kein Ehevertrag mit abweichender Regelung besteht. Das betrifft auch Wertsteigerungen im Depot.

Wenn Sie bei der Geldanlage getrennte Wege gehen, können die eigenen Anlagen nun einfacher zugeordnet werden. Ein gemeinsames Depot sollte im Fall einer Trennung möglichst rasch aufgelöst oder aufgeteilt werden, um Streit zu vermeiden.

Wichtig!

Die steuerliche Behandlung von Übertragungen zwischen Ehepartnern oder nach einer Scheidung sollte mit der Bank oder einer Kanzlei für Steuerberatung geklärt werden, da Schenkungen oder Übertragungen steuerliche Konsequenzen haben können. Auch eventuelle Freistellungsaufträge sollten angepasst und die Anlage KAP bei der Steuererklärung in Erwägung gezogen werden. Kurz gesagt: Es ist kompliziert!

Kann schon ein Kind ein Depot führen?

Nach einem Beschluss der deutschen Regierung ist 2026 das Einführungsjahr der sogenannten Frühstartrente, einem Altersvorsorgedepot für Kinder ab dem Geburtsjahrgang 2020. Ein solches Depot wird mit zehn Euro pro Monat gefördert. Aber, Moment mal! Will sich der Staat damit nur zukünftige Rentenzahlungen sparen? Warten wir es erst einmal ab, aber erfahrungsgemäß ist vieles, was der Staat in Sachen Finanzen in die Hände nimmt, wenig effizient und wird nach einigen Jahren oder spätestens Jahrzehnten wieder umgeworfen.

Ich persönlich würde die Geldanlage immer selbst in die Hand nehmen und lieber auf staatliche Förderungen verzichten. Aber das entscheidet jeder letztendlich selbst. Sie können auf alle Fälle auch völlig unabhängig vom Staat ein Depot für Ihr Kind anlegen – auch ganz unabhängig von dessen Alter oder Geburtsjahrgang.

Ein Kinderdepot wird formal auf den Namen des Kindes eröffnet, das damit eigener Depotinhaber wird. Eltern oder auch Großeltern sind dabei die gesetzlichen Vertreter und können Einzahlungen sowie Umschichtungen vornehmen. Ein großer Vorteil: Kinder haben einen eigenen Sparerpauschbetrag. Auch für Kinder kann ein Freistellungsauftrag bei der Bank eingerichtet werden, um Kapitalerträge steuerfrei zu stellen. So lassen sich Zins- oder Dividendeneinnahmen steuerlich optimal nutzen.

Legen Sie Geld für Ihre Kinder in extra Depots an, unter anderem, um von den Steuervorteilen zu profitieren.

Wichtig ist, dass das Geld im Kinderdepot rechtlich dem Kind gehört. Ein Zugriff durch die Eltern ist nur im Rahmen der Vermögensfürsorge erlaubt, also wenn es dem Wohl des Kindes dient. Sie können sich also zum Beispiel nicht daraus bedienen, wenn Sie sich ein neues Auto kaufen wollen. Ab dem 18. Geburtstag kann das Kind frei über das Depot verfügen.

Das Kinderdepot ist eine sinnvolle Möglichkeit, früh mit dem Vermögensaufbau zu beginnen und von langfristigen Renditechancen zu profitieren. Gleichzeitig können Kinder so den verantwortungsvollen Umgang mit Geld und Wertpapieren erlernen – ein Grundstein für finanzielles Bewusstsein im Erwachsenenalter.

Die Kinderdepots heißen entweder so oder Junior-Depot. Auch dafür gibt es Depotvergleiche, etwa unter der Webadresse https://www.finanzfluss.de/vergleich/junior-depot.

Eine Besonderheit ist, dass zuerst eine oder mehrere sorgeberechtigte Personen ein entsprechendes Konto anlegen, dann erst wird das Depot für das Kind eröffnet.

6

Mehr geht immer: Geldanlage für Fortgeschrittene

Wenn Sie sich für die Geldanlage in Einzelaktien entscheiden, müssten Sie sich regelmäßig darum kümmern. Sie würden vielleicht sogar die Berichte der Unternehmen lesen, in die Sie investiert haben. Und Sie könnten mit Abkürzungen wie ROE oder EBITDA um sich werfen. Nur zur kurzen Info: ROE steht für die Eigenkapitalrendite eines Unternehmens, EBITDA für den Gewinn vor Zinsen, Steuern und Abschreibungen.

Falls Sie solche Begriffe in diesem Kapitel für fortgeschrittenere Anleger und Anlegerinnen lesen wollten, muss ich Sie leider enttäuschen. Ich sehe Aktien keineswegs als Teufelszeug, und auch ich erlaube mir immer noch die eine oder andere Spekulation. Aber die Aktienanalyse überlasse ich doch den Profis – Sie können auf den entsprechenden Webseiten alles in Kurzform nachlesen. Inzwischen können Sie sogar eine künstliche Intelligenz wie zum Beispiel Google Gemini nach einer Aktie fragen und diese ausführlich analysieren lassen.

Einige wichtige Begriffe sollen aber doch noch zur Sprache kommen, nämlich solche, die die Risiken bei der Geldanlage bezeichnen, sei es die Volatilität oder das Emittentenrisiko. Bei der Geldanlage dabeizubleiben, heißt nämlich auch, mit den allgegenwärtigen Risiken umzugehen und dabei eine gewisse Coolness zu entwickeln, seinen inneren Frieden zu bewahren.

Worauf ich in diesem Kapitel ebenfalls noch eingehen möchte, ist das Thema »nachhaltige Geldanlage«. Wir wünschen uns alle, dass unser Planet auch für zukünftige Generationen bewohnbar bleibt. Aber können Sie da mit Ihrer Geldanlage etwas ausrichten? Und kostet Sie das Rendite? Darum soll es im Abschnitt 6.2 gehen.

Haben Sie Angst vor dem nächsten Crash? Nun, dieser kann jederzeit kommen. Aber meistens kommt er gerade dann nicht, wenn viele ihn vorhersagen oder fürchten. Wie Sie bei Crashs und in Bärenmärkten verfahren, werden wir in diesem Kapitel ebenfalls beleuchten. Die kurze Antwort erhalten Sie sofort: Tun Sie am besten gar nichts und bleiben Sie bei Ihrer Anlagestrategie!

Hals über Kopf mit hohem Verlust alles zu verkaufen, ist ein typischer Fehler bei der Geldanlage. Im Anschluss wird dann gejammert und die Börse gemieden. Erst dann, wenn sich eine neue Blase bildet, steigt man wieder in den Markt ein – und kauft prompt das Falsche. Wie Sie solche und weitere Anlagefehler vermeiden, lesen Sie im Abschnitt 6.4.

Und da Sie von Ihrem Vermögen auch einmal etwas haben möchten, stelle ich Ihnen noch verschiedene Modelle für die Vermögensentnahmephase vor – von der konstanten Entnahmerate bis zum »Eimer-Modell«. Auch mit dem sogenannten Langlebigkeitsrisiko machen Sie sich in diesem Zusammenhang vertraut.

Sie sehen: Ich habe Ihnen noch einiges zu sagen und möchte Sie auch in schwierigen Marktphasen nicht allein lassen, die sicher einmal kommen werden. Beschäftigen Sie sich einmal gründlich mit dem Thema Geldanlage. Später lassen Sie dann nur noch das Geld für sich arbeiten!

6.1 Die Risiken bei der Geldanlage

Wenn Sie Ihr Geld klug investieren, betreten Sie ein wildes Land voller Möglichkeiten – aber auch voller Risiken. Eines der größten Risiken dabei ist, die verschiedenen Risiken nicht zu kennen und nicht einschätzen zu können. Geht es an der Börse seit Jahren fast nur nach oben, werden vor allem die Chancen gesehen: Rendite, Wertsteigerung, finanzielle Unabhängigkeit. Doch genauso wichtig ist es, sich mit den Risiken auseinanderzusetzen und zu verstehen, was bei der Geldanlage auf dem Spiel stehen kann.

Ist es ein Risiko, nicht genug zu diversifizieren?

Von einem Risiko war in diesem Buch bereits die Rede, nämlich vom Klumpenrisiko. Dieses Risiko gehen Sie ein, wenn Sie Ihr Anlageportfolio nicht ausreichend diversifizieren. Das Klumpenrisiko beschreibt die Gefahr, dass ein Anleger oder eine Anlegerin das Geld zu stark auf wenige Positionen oder Branchen konzentriert und dadurch im Fall negativer Entwicklungen besonders hart getroffen wird.

Ein klassisches Beispiel hierfür ist ein Portfolio, das fast ausschließlich aus Aktien eines einzigen Unternehmens besteht, etwa weil man besonders von dessen Zukunft überzeugt ist oder dort selbst arbeitet. Kommt es dann zu Problemen bei diesem Unternehmen, etwa durch einen Skandal, schwache Quartalszahlen oder einen plötzlichen Kurssturz, ist das gesamte angelegte Vermögen gefährdet.

Auch eine starke Fokussierung auf eine Branche kann zu einem Klumpenrisiko führen. Wer zum Beispiel nur in Technologieunternehmen investiert, profitiert zwar in Boomzeiten überproportional, ist aber auch den spezifischen Risiken dieser Branche ausgeliefert. Kommt es zu einer Branchenkrise wie etwa dem Platzen der Dotcom-Blase im Jahr 2000, können die Verluste das Portfolio empfindlich treffen.

Ebenso birgt die regionale Konzentration Gefahren, auch wenn es zum Zeitpunkt, an dem Sie eine Investition tätigen, noch nicht so aussehen mag. Wer etwa ausschließlich in deutsche Unternehmen investiert, ist nicht nur von deren wirtschaftlicher Entwicklung abhängig, sondern auch vom Zustand der gesamten deutschen Wirtschaft.

Solche Klumpenrisiken vermeiden Sie durch Diversifikation. Bei Aktien gilt zum Beispiel, dass Sie – am besten mit einem weltweiten Aktien-ETF – in mehrere voneinander unabhängige Regionen und Branchen investieren.

Wie wird das Marktrisiko gemessen?

An den Märkten geht es nicht linear bergauf, sondern es gibt ein ständiges Auf und Ab. An der Börse kann es an einem Tag kräftig nach oben gehen, am nächsten Tag wieder steil bergab. Die Schwankungsbreite, also wie stark die Preise von Wertpapieren, Rohstoffen oder anderen Anlageklassen innerhalb eines bestimmten Zeitraums nach oben oder unten ausschlagen, nennt man Volatilität.

Die Volatilität ist somit ein Maß für die Unsicherheit oder Unruhe an den Märkten. Eine hohe Volatilität bedeutet, dass die Kurse stark schwanken – was für Sie mitunter nervenaufreibend sein kann. In ruhigen Börsenphasen ist die Volatilität niedrig, die Kurse bewegen sich kaum, alles wirkt stabil. Doch sobald Unsicherheit aufkommt, etwa durch politische Ereignisse, Wirtschaftsdaten oder überraschende Unternehmensmeldungen, kann die Volatilität sprunghaft ansteigen.

Für Sie als Anleger oder Anlegerin ist es wichtig, auch in Phasen hoher Volatilität nicht den Kopf zu verlieren. Eine hohe Volatilität bedeutet, dass sich der Wert Ihrer Anlagen unter Umständen vorübergehend deutlich verringert. Das gehört zum Investieren einfach dazu. Bewahren Sie einen kühlen Kopf! Haben Sie Ihr Anlageportfolio so aufgestellt, dass Ihr Schiff auch bei den unvermeidlichen Wellenbewegungen nicht sinkt, können Sie weiterhin ruhig schlafen.

Volatilität lässt sich übrigens konkret messen, meist als sogenannte Standardabweichung der Kursentwicklung. Aber verlassen Sie sich bitte nicht nur auf Statistiken, sondern beobachten Sie die Märkte mit Ihrem gesunden Menschenverstand.

Was ist der Maximum Drawdown?

Im Zusammenhang mit der Volatilität ist der sogenannte Maximum Drawdown (also der maximale Wertverlust) ein wichtiges Maß, um das Risiko eines Investments zu ermitteln. Der Maximum Drawdown beschreibt den maximalen prozentualen Verlust, den ein Portfolio oder ein einzelner Wert während einer bestimmten Periode vom Höchststand bis zum darauffolgenden Tiefpunkt erleidet – also wie tief es im schlimmsten Fall nach unten gehen kann, bevor sich die Kurse wieder erholen.

Während die Volatilität die Schwankungsbreite anzeigt, verdeutlicht der Maximum Drawdown, wie groß der zwischenzeitliche Einbruch tatsächlich war. So bekommen Sie ein Gefühl dafür, welche Belastungsprobe ein Portfolio oder ein einzelner Wert in turbulenten Marktphasen aushalten müsste.

Gerade für langfristige Anleger ist der Maximum Drawdown ein hilfreicher Indikator, um abzuschätzen, ob die eigene Anlagestrategie auch in schweren Zeiten durchgehalten werden kann. Hohe Drawdowns bedeuten, dass man mitunter starke Nerven und einen langen Atem braucht, um nicht in der Krise zum ungünstigsten Zeitpunkt zu verkaufen.

6.1 Die Risiken bei der Geldanlage

Wird mir das Risiko einer Anlage mitgeteilt?

Wenn Sie sich für einen Aktienfonds entscheiden, am besten für einen weltweiten Aktien-ETF, wird Ihnen im zugehörigen Basisinformationsblatt die Risikoklasse mitgeteilt, und zwar in sieben Risikoklassen nach dem SRRI (**S**ynthetic **R**isk and **R**eward **I**ndicator). Ein weltweiter Aktien-ETF hat die Risikoklasse 4, was einem mittleren Risiko entspricht. Entnehmen Sie die verschiedenen Risikoklassen der Tabelle.

SRRI-Stufe	Bezeichnung	Risikoniveau	Beschreibung
1	Sehr niedrig	Sehr geringes Risiko	Sehr stabile Anlagen, kaum Kursschwankungen, z. B. Tagesgeld oder kurzfristige Staatsanleihen.
2	Niedrig	Geringes Risiko	Leicht höhere Schwankungen, aber immer noch sehr defensiv, z. B. Anleihen mit hoher Bonität.
3	Mittelniedrig	Mäßiges Risiko	Etwas mehr Renditechancen bei überschaubarem Risiko, z. B. Mischfonds mit Anleihe-Schwerpunkt.
4	Mittel	Mittleres Risiko	Typisch für weltweite Aktien-ETFs, spürbare Schwankungen, langfristig höhere Ertragschancen.
5	Mittelhoch	Erhöhtes Risiko	Stärkere Kursschwankungen, z. B. Aktienfonds mit Schwellenländer-Fokus.
6	Hoch	Hohes Risiko	Sehr schwankungsanfällige Anlagen, hohe Verlustrisiken, hohe Renditechancen, z. B. spezialisierte Branchenfonds.
7	Sehr hoch	Sehr hohes Risiko	Extrem volatile Anlagen, Totalverlustrisiko möglich, z. B. Einzelaktien aus spekulativen Bereichen oder hochspekulative Fonds.

Kann ich einen Totalverlust erleiden?

Mit einem weltweiten Aktien-ETF sind Sie vor einem Totalverlust geschützt, außer sämtliche enthaltene Unternehmen gehen pleite. Anders sieht es bei Einzelinvestments aus. Bestimmt haben Sie 2020 den Wirecard-Skandal mitbekommen. Das 1999 in Deutschland gegründete Unternehmen war unter anderem für Zahlungsdienstleistungen bekannt und wurde viele Jahre gehypt.

Erste kritische Analysen gab es schon ab 2008, aber die wurden von vielen Menschen einfach weggewischt, nicht zuletzt, weil das Unternehmen von 2018 bis 2020 im DAX, dem deutschen Aktienindex, gelistet war. Bis es dann 2020 zum großen Paukenschlag kam – der Aufdeckung eines groß angelegten Betrugs und der Wirecard-Pleite. Wer mit der Aktie spekuliert hatte, verlor einen Großteil seines Geldes. Wer seine Aktien nicht rechtzeitig verkaufte, erlitt sogar einen Totalverlust.

Totalverluste können immer wieder vorkommen, wenn ein börsennotiertes Unternehmen pleitegeht. Noch häufiger aber sind extreme Kursverluste von beispielsweise 90 % und Aktien, die dann auf einem sehr niedrigen Niveau vor sich hindümpeln. Jedenfalls ist das ein Risiko, das Sie vermeiden können, indem Sie auf einen großen Korb mit vielen Aktien statt auf Einzelaktien setzen.

Schützen Sie Ihr Geld vor unnötigen Risiken.

Wie sieht es mit dem Währungsrisiko aus?

Das Währungsrisiko beschreibt die Gefahr, dass sich Wechselkurse ungünstig für Ihre Geldanlage entwickeln. Investieren Sie beispielsweise in einen ETF, der viele US-Aktien enthält, aber Sie rechnen in Euro, kann ein schwächerer Dollar dazu führen, dass Ihr Anlagewert trotz guter Kursentwicklung schrumpft. Umgekehrt kann ein starker Dollar Ihre Rendite sogar verbessern. Dieses Risiko lässt sich kaum vermeiden, wenn Sie international anlegen. Durch eine breite Streuung und einen langen Anlagehorizont relativieren sich die Schwankungen meist, sodass Sie das Währungsrisiko bei Ihren Portfolioüberlegungen am besten außen vor lassen.

6.1 Die Risiken bei der Geldanlage

Was passiert, wenn sich die Zinsen ändern?

Zinsen sind ein extrem wichtiges Thema bei der Geldanlage, vielleicht sogar das Wichtigste überhaupt. Damit sind aber nicht die Zinsen gemeint, die Sie auf Ihr Tagesgeldkonto erhalten, sondern die Leitzinsen der Zentralbanken. Warum ist das so extrem wichtig?

Im großen volkswirtschaftlichen Zusammenhang dienen die Zinsen dazu, die Liquidität im Markt zu steuern. Können sich Unternehmen Geld zu niedrigen Zinsen günstig leihen, können sie mehr investieren. Die Menschen werden wohlhabender und können mehr investieren, die Kurse an den Börsen steigen. Geld ist sozusagen das Blut des Wirtschaftskreislaufs.

Leider tritt dann aber ein kleines Gespenst auf den Plan, das sich Inflation nennt. Eine geringe Inflationsrate von um die zwei Prozent gehört zu einer gesunden Wirtschaft dazu. Liegt die Inflationsrate jedoch deutlich über den erwünschten zwei Prozent, steuern die Zentralbanken durch höhere Leitzinsen gegen. Dem Markt wird Liquidität entzogen, und man hofft auf diese Weise, die Inflation wieder zu stabilisieren. Bei diesem Vorgang müssen die »Währungshüter« aber sehr darauf achten, die Wirtschaft nicht zu stark abzubremsen, denn sonst droht eine Rezession, also ein Rückgang der Wirtschaftsleistung – im Gefolge können die Kurse an den Börsen in den Keller rauschen, aber das ist nicht zwingend der Fall. Nehmen Sie als Faustregel, dass Zeiten mit niedrigen Leitzinsen gute Börsenzeiten sind, während die Karten bei Inflation und hohen Leitzinsen schlechter stehen, wobei das aber auch nicht immer so sein muss.

Wenn Sie Geld in Anleihen investiert haben, müssen Sie sich des Zinsänderungsrisikos bewusst sein. Das Zinsänderungsrisiko bei Anleihen bedeutet, dass sich der Wert Ihrer Anleihe verändert, wenn das allgemeine Zinsniveau steigt oder fällt. Steigen die Zinsen am Markt, werden bereits bestehende Anleihen mit niedrigerem Zins weniger attraktiv – der Kurs sinkt. Fällt hingegen das Zinsniveau, gewinnen ältere Anleihen mit höheren Zinsen an Wert.

Dazu ein Beispiel: Haben Sie eine zehnjährige Anleihe mit 2 % Zins gekauft und steigen die Marktzinsen plötzlich auf 4 %, wollen andere Anleger für Ihre Anleihe natürlich nicht mehr den vollen Preis zahlen. Im Umkehrschluss profitiert Ihre Anleihe, wenn die Zinsen fallen. Achten Sie deshalb bei Anleihen unbedingt nicht nur auf die Verzinsung, sondern auch auf die Zinsentwicklung am Markt!

Was ist das Emittentenrisiko?

Ein weniger offensichtliches, aber nicht minder bedeutendes Risiko ist das sogenannte Emittentenrisiko. Dieses Risiko betrifft insbesondere Wertpapiere wie Anleihen, Zertifikate oder strukturierte Produkte, bei denen Sie nicht direkt in ein Unternehmen oder einen Rohstoff investieren, sondern dem Herausgeber – dem sogenannten Emittenten – Geld leihen oder anvertrauen.

Der Emittent, häufig eine Bank, ein Unternehmen oder eine andere Finanzinstitution, verpflichtet sich, Ihnen zu einem späteren Zeitpunkt das eingesetzte Kapital sowie gegebenenfalls Zinsen oder Erträge zurückzuzahlen. Doch was passiert, wenn der Emittent in finanzielle Schwierigkeiten gerät oder sogar zahlungsunfähig wird? In einem solchen Fall kann es sein, dass Ihre Ansprüche nicht mehr erfüllt werden und Sie im schlimmsten Fall Ihr gesamtes eingesetztes Kapital verlieren.

Besonders in wirtschaftlich unsicheren Zeiten oder bei Emittenten mit schwacher Bonität ist dieses Risiko nicht zu unterschätzen. Es wird daher empfohlen, sich vor einer Investition genau zu informieren, wie solide und vertrauenswürdig der Emittent ist. Oft geben unabhängige Rating-Agenturen wie Moody's, S&P Global Ratings oder Fitch Ratings Auskunft über die Kreditwürdigkeit eines Emittenten, sodass Sie einschätzen können, wie hoch das Ausfallrisiko ist. Achten Sie außerdem auf spezielle Hinweise und Bedingungen im Verkaufsprospekt, denn nicht alle Wertpapiere bieten im Fall einer Insolvenz des Emittenten einen Schutzmechanismus. Falls Sie dieses Risiko ignorieren, laufen Sie Gefahr, trotz einer sicher wirkenden Anlageform eine böse Überraschung zu erleben.

Bankpleiten sind nicht nur ein theoretisches Szenario, sondern haben in der Vergangenheit mehrfach für Aufsehen gesorgt – man denke etwa an die Finanzkrise 2007 bis 2009 oder an jüngere Fälle von Bankeninsolvenzen. In Deutschland sind Einlagen auf Girokonten, Tagesgeld- und Festgeldkonten gesetzlich bis zu einem Betrag von 100.000 Euro pro Person und Bank durch die Einlagensicherung geschützt.

Für höhere Beträge oder spezielle Finanzprodukte wie Nachranganleihen, Genussscheine oder Zertifikate kann ein Ausfall des Emittenten oder der Bank jedoch zu einem Totalverlust führen. Prüfen Sie im Einzelfall, ob der Emittent Mitglied in einem Einlagensicherungsfonds ist, wie hoch die abgedeckte Summe tatsächlich ist und wie verlässlich die jeweilige Institution im Krisenfall reagiert. Außerdem gilt auch hier das Prinzip der Diversifikation: Verteilen Sie Ihr Geld auf verschiedene Banken, Emittenten und Finanzprodukte. So begrenzen Sie das Risiko eines Totalverlusts und erhöhen die Sicherheit Ihrer Geldanlage nachhaltig.

Ein bekanntes Beispiel für einen Totalverlust mit Zertifikaten in Deutschland ereignete sich während der Finanzkrise im Zusammenhang mit der Insolvenz der US-Investmentbank Lehman Brothers. Zahlreiche deutsche Privatanleger hatten Lehman-Zertifikate erworben, die von der Bank ausgegeben wurden und als relativ sicher galten. Als Lehman Brothers im September 2008 zahlungsunfähig wurde, verloren diese Zertifikate schlagartig ihren Wert – die Anleger erhielten weder ihr eingesetztes Kapital noch Zinsen zurück.

Welche Risiken bestehen bei Immobilieninvestments?

Auch Immobilieninvestments sind nicht ohne Risiken. In der jüngeren Vergangenheit wurde sogar die Befürchtung diskutiert, dass Deutschland irgendwann wieder von außen angegriffen werden könnte. Ein solches Risiko soll hier aber undenkbar bleiben. Sie sollten sich aber

6.1 Die Risiken bei der Geldanlage

der folgenden Risiken bewusst sein, bevor Sie einen Immobilienkauf in Erwägung ziehen.

- Liquiditätsrisiko: Immobilien lassen sich oft nur langsam und nicht immer ohne Wertverluste verkaufen. In Zeiten schwacher Nachfrage kann es dauern, bis Sie einen Käufer finden, oder Sie müssen Preisabschläge in Kauf nehmen.
- Wertverlustrisiko: Der Immobilienmarkt unterliegt Schwankungen. Sinkende Preise, etwa durch gesamtwirtschaftliche Krisen oder eine ungünstige Entwicklung am Standort, können zu Verlusten führen.
- Mietausfallrisiko: Bleibt die Immobilie längere Zeit leerstehen oder zahlt der Mieter/die Mieterin nicht, fehlen die erwarteten Einnahmen, während laufende Kosten weiter anfallen.
- Instandhaltungs- und Renovierungsrisiko: Unerwartete Reparaturen oder Modernisierungen können hohe Kosten verursachen und Ihre Rendite schmälern.
- Zinsänderungsrisiko: Bei einer Finanzierung kann eine Zinssteigerung nach Ablauf der Zinsbindung die monatlichen Belastungen deutlich erhöhen.
- Standortrisiko: Veränderungen im Umfeld, wie Infrastrukturmaßnahmen, neue Bauprojekte oder demografische Entwicklungen, können den Wert und die Vermietbarkeit der Immobilie negativ beeinflussen.
- Rechtliche und steuerliche Risiken: Änderungen bei Steuergesetzen, Mietrecht oder Auflagen für energetische Sanierungen können zu finanziellen Nachteilen führen.

Der Blick auf diese Risiken zeigt deutlich, dass Sie gerade bei einem Immobilieninvestment ganz genau planen und hinschauen müssen. Seien Sie dabei zwar nicht pessimistisch, aber realistisch.

Bin ich selbst auch ein Risiko?

Tatsächlich ist die eigene Unkenntnis das am häufigsten unterschätzte Risiko. Nicht selten investieren Anleger in Produkte, die sie gar nicht richtig verstehen, und wundern sich später über böse Überraschungen. Die Finanzwelt ist voller komplexer Zusammenhänge. Mein Rat: Nehmen Sie sich Zeit für die Weiterbildung. Lesen Sie Bücher, besuchen Sie Seminare oder sprechen Sie mit anderen Personen, die ebenfalls Freude am Investieren haben. Je mehr Sie wissen und je mehr Erfahrung Sie gewinnen, desto besser können Sie Risiken einschätzen und vermeiden.

6.2 Schützt nachhaltige Geldanlage den Planeten?

Ich möchte hier nicht den Zustand unseres Planeten bewerten. Wenn ich an meine Jugend in den 1980er Jahren zurückdenke, wurde mir auch schon damals Angst gemacht mit schrecklichen Szenarien, etwa, dass es 30 Jahre später keine Bäume mehr auf der Erde geben werde. Und die Lektüre von »So lasst uns denn ein Apfelbäumchen pflanzen« von Hoimar von Ditfurth hätte ich mir damals als Jugendlicher vielleicht besser erspart. Auch heute wird das Thema Nachhaltigkeit wieder ganz großgeschrieben, und es hat natürlich auch seine Berechtigung, gerade im Hinblick auf die Geldanlage.

Die nachhaltige Geldanlage erlebt seit einigen Jahren einen enormen Aufschwung. Immer mehr Anleger und Anlegerinnen möchten ihr Geld nicht nur gewinnbringend, sondern auch verantwortungsbewusst investieren. Die zentrale Frage dabei lautet: Kann nachhaltige Geldanlage wirklich einen Beitrag zum Schutz unseres Planeten leisten? Um diese Frage zu beantworten, lohnt sich ein genauer Blick auf Definition, Ansätze, Chancen, Herausforderungen und die tatsächliche Wirkung nachhaltiger Investments.

Was bedeutet eigentlich nachhaltige Geldanlage?

Unter nachhaltiger Geldanlage versteht man Investitionen, die neben finanziellen Aspekten auch ökologische, soziale und ethische Kriterien berücksichtigen. Besonders bekannt ist das sogenannte ESG-Konzept: ESG steht für Umwelt (**E**nvironmental), Soziales (**S**ocial) und gute Unternehmensführung (**G**overnance). ESG-Fonds (auch dazu gibt es ETFs) sowie ESG-Anleihen versuchen, Unternehmen mit hohen Standards in diesen Bereichen zu fördern.

Ein weiterer Ansatz ist das sogenannte Impact Investing. Hier steht die gezielte, messbare Wirkung im Mittelpunkt – beispielsweise die Förderung erneuerbarer Energien oder sozialer Projekte. Nachhaltige Geldanlage ist also weit mehr als nur der Verzicht auf Waffen- oder Tabakfirmen; sie umfasst ein breites Spektrum an Strategien und Anlageprodukten, die gezielt Veränderungen anstoßen wollen.

Schützt nachhaltige Geldanlage den Planeten?

Nachhaltige Geldanlage kann durchaus positive Wirkungen entfalten: Sie lenkt Kapital in Unternehmen und Projekte, die einen Beitrag zum Umweltschutz und zur gesellschaftlichen Entwicklung leisten. Je mehr Investoren nachhaltige Produkte nachfragen, desto stärker steigt für Unternehmen der Anreiz, umweltfreundlicher und sozialer zu wirtschaften.

6.2 Schützt nachhaltige Geldanlage den Planeten?

Insbesondere große Pensionskassen und Investmentfonds können so Einfluss auf Unternehmensstrategien nehmen und fördern beispielsweise die Reduzierung von CO_2-Emissionen oder den Ausbau erneuerbarer Energien. Aber das hat seine Grenzen: Die tatsächliche Wirkung hängt davon ab, ob die investierten Gelder tatsächlich Veränderungen bewirken oder nur bestehende Strukturen finanzieren. Es wird gemunkelt, dass manche Unternehmen mit nachhaltigen Aktivitäten lediglich ihr Image aufpolieren, ohne jedoch ihre Geschäftspraktiken grundlegend zu ändern.

Und wenn wir einen Blick auf die Börse richten, erscheint die Wirkung nachhaltiger Investments noch geringer. Denn Sie investieren ja nur in Aktien, die bereits ausgegeben wurden, und beteiligen sich so an der Kursentwicklung. Dem Unternehmen selbst fließt bei diesem Vorgang jedoch keine neue Liquidität zu.

Die Kurse nicht nachhaltiger Unternehmen steigen deshalb, weil die Konsumenten deren Produkte kaufen. Es wäre also wichtiger, beim Konsum als bei der Geldanlage anzusetzen, wenn es darum geht, nachhaltige Unternehmen zu fördern und nicht nachhaltigen Unternehmen kein weiteres Geld zukommen zu lassen.

Wie funktioniert nachhaltiges Investieren?

Nun könnten Sie – das ist aber nur ein Hinweis, keine ausdrückliche Empfehlung – Ihr Tagesgeld bei der UmweltBank (https://www.umweltbank.de) anlegen. Diese wurde in den 1990er Jahren gegründet und verspricht, mit den Kundeneinlagen ausschließlich ökologische Projekte zu finanzieren.

Und was Sachwertanlagen anbelangt, könnten Sie in nachhaltige Fonds oder zum Beispiel auch in umweltgerechte Immobilien investieren. Im Zusammenhang mit nachhaltigen Fonds beachten Sie insbesondere diese beiden Varianten:

- **ESG-Fonds:** Diese investieren gezielt in Unternehmen, die in den Bereichen Umwelt (Environmental), Soziales (Social) und Unternehmensführung (Governance) hohe Standards erfüllen. Dabei geht es nicht nur darum, problematische Branchen wie Waffen oder Tabak auszuschließen, sondern auch aktiv Firmen zu fördern, die nachhaltig wirtschaften und Verantwortung übernehmen. Für Sie als Anleger bedeutet das: Mit ESG-Fonds können Sie Ihr Geld so anlegen, dass nicht nur die Rendite in den Blick genommen wird, sondern auch Werte wie Umweltschutz, faire Arbeitsbedingungen und Transparenz berücksichtigt werden.

- **SRI-Fonds:** SRI steht für **S**ocially **R**esponsible **I**nvesting, also sozial verantwortliches Investieren. SRI-Fonds gehen oft noch einen Schritt weiter als ESG-Fonds: Hier werden die Investments besonders streng nach ethischen, sozialen und ökologischen Kriterien ausgewählt. Das bedeutet, dass bestimmte

Branchen oder Unternehmen konsequent ausgeschlossen werden – beispielsweise solche, die mit Kinderarbeit, Umweltzerstörung oder Korruption in Verbindung stehen. Ziel ist es, das eigene Geld ganz bewusst so zu investieren, dass es möglichst viel positiven Einfluss auf Gesellschaft und Umwelt hat.

Technisch läuft es bei einem nachhaltigen Fonds so ab, dass Unternehmen zunächst anhand von Ausschlusskriterien gefiltert werden, etwa wenn sie in kontroverse Branchen wie Kohle oder Rüstung oder in Kinderarbeit involviert sind. Anschließend erfolgt die Bewertung nach ESG-Kriterien, wobei Umweltfreundlichkeit, faire Arbeitsbedingungen und transparente Unternehmensführung im Fokus stehen. Manche Anbieter gehen noch weiter und wählen ihre Investments gezielt danach aus, wie groß deren positiver Einfluss auf Umwelt und Gesellschaft ist – das ist dann klassisches Impact Investing. Beispiele sind Fonds, die ausschließlich in Windkraftprojekte oder Mikrofinanzprogramme investieren, oder Aktien von Unternehmen, die innovative Recycling-Technologien entwickeln.

Nachhaltiges Investieren kann zu einem besseren Gefühl führen; über den Erfolg eines Unternehmens entscheiden aber die Konsumenten.

Gibt es schwarze Schafe?

Nur weil ein Anbieter eine nachhaltige Geldanlage und dabei hohe Renditen verspricht, sollten Sie nicht gleich das Gehirn ausschalten.

Die 1995 gegründete damalige ProKon GmbH beispielsweise war ein Anbieter regenerativer Energien und sammelte bei zigtausend Anlegern Summen ein, die recht hoch verzinst werden sollten. Es kam jedoch ganz anders: Die ProKon GmbH ging 2014 bankrott und tausende Menschen verloren viel Geld. Also ja: Es gibt auch schwarze Schafe. Die großen nachhaltigen ETFs werden aber überwacht, sodass Sie von dieser Seite nichts zu befürchten haben.

6.2 Schützt nachhaltige Geldanlage den Planeten?

Und wie sieht es mit der Rendite nachhaltiger Investments aus?

Aber bitte, was soll denn diese Frage? Wer nachhaltig investieren möchte, tut dies aus Überzeugung. Die Renditeaussichten lassen sich auf lange Sicht kaum prognostizieren. Betrachtet man einen Zeitraum von fünf Jahren und vergleicht beispielsweise einen ETF auf den MSCI World mit einem ETF auf den nachhaltigen MSCI World Screened, ist der Performance-Unterschied nur relativ gering und fällt sogar etwas zugunsten des nachhaltigen Produkts aus.

- iShares Core MSCI World UCITS ETF (WKN: A0RPWH): 87,67 %
- iShares MSCI World Screened UCITS ETF (WKN: A2N6TD): 89,73 %

Der MSCI World Screened klammert allerdings auch nur solche Unternehmen aus, die mit fossilen Brennstoffen, umstrittenen Waffen, Tabak oder sonstigen kontroversen Dingen zu tun haben. Die großen Technologieunternehmen und Renditebringer der letzten Jahre sind enthalten, also unter anderem die »Magnificent Seven« (»Glorreiche Sieben«), zu denen die amerikanischen Unternehmen Alphabet (Google), Amazon, Apple, Meta (Facebook), Microsoft, Nvidia und Tesla zählen. Je restriktiver Sie in Sachen Nachhaltigkeit vorgehen, desto geringer könnte die Rendite ausfallen. Die nachhaltige Geldanlage kann sich also schnell zu einem zweischneidigen Schwert entwickeln.

Welcher nachhaltige weltweite Aktien-ETF ist empfehlenswert?

Im Hinblick auf die Diversifikation und darauf, dass Ihre Geldanlage eigentlich prognosefrei sein sollte (vgl. Kapitel 4), möchte ich die nachhaltige Geldanlage nicht buchstäblich empfehlen, aber sie hat natürlich ihre Berechtigung. Als ETF käme für eine weltweite diversifizierte Anlage zum Beispiel infrage:

ETF	Index	Ausschüttend	WKN
Vanguard ESG Global All Cap UCITS ETF	FTSE Global All Cap Choice Index	Nein	A2QL8U
Vanguard ESG Global All Cap UCITS ETF	FTSE Global All Cap Choice Index	Ja	A2QL8V

Dieser ETF enthält über 5.700 Aktien, die nach den ESG-Kriterien gefiltert werden. Ausgeschlossen sind Unternehmen aus den Bereichen Alkohol, Glücksspiel, genetisch veränderte Organismen, Atomkraft, Kohle, Öl und Gas, kontroverse Waffen und mehr.

6.3 Der Crash kommt! Oder vielleicht doch nicht?

Sie werden sich, nachdem Sie Ihre Investments getätigt haben, vielleicht fragen: Kommt ein Börsencrash? Die kurze Antwort lautet: Ja, aber sicher! Aber es sollte noch angefügt werden: Wenn Sie langfristig investieren, kann Ihnen das ziemlich egal sein. Börsencrashs alle paar Jahre gehören einfach dazu, nur weiß niemand, wann sie kommen. Der Kursrutsch geht bei einem Crash schnell vonstatten und tut weh, die Kurserholung danach dauert länger.

In der Vergangenheit konnte der Markt seine Verluste immer wieder ausgleichen. Die einzige Voraussetzung ist, dass Sie die Diversifikation niemals außer Acht lassen. Mit einem weltweiten Aktien-ETF sind Sie, was den Aktienanteil Ihres Anlageportfolios betrifft, gut beraten.

Die Ursachen von Börsencrashs sind häufig Blasen, unerwartete Zinsentscheidungen, Kriege oder andere Katastrophen, beispielsweise 2020 der Beginn der Coronakrise. Ein Börsencrash findet an einem einzigen Tag oder in nur wenigen Tagen statt, in denen die Kurse drastisch einbrechen. Es kommt zu einem Dominoeffekt, bei dem immer mehr Anleger und Anlegerinnen in Panik geraten. Nach dem Crash haben sich oft die Renditen eines oder mehrerer Jahre in Luft aufgelöst, und die persönliche Stimmung ist ebenfalls im Keller.

Was ist der Unterschied zwischen Crash und Bärenmarkt?

Ein Crash markiert häufig, aber auch nicht immer, den Beginn eines Bärenmarktes. Dieser wird auch Baisse genannt – im Gegensatz zur Hausse im Bullenmarkt – und wird dann erreicht, wenn die Kurse unter 20 % vom letzten Hoch fallen. Der Bärenmarkt dauert länger als ein Crash, nämlich meistens mehrere Monate, manchmal sogar mehrere Jahre.

Die Tabelle zeigt einige Bärenmärkte der Vergangenheit, den jeweiligen Kursrückgang, die Dauer und die Zeit bis zur vollständigen Erholung. Beängstigend ist dabei lediglich die »Große Depression«, die mit dem »Schwarzen Donnerstag« am 24. Oktober 1929 ihren Anfang nahm und eine Weltwirtschaftskrise auslöste.

Heute ist eine Phase wie die Große Depression deutlich unwahrscheinlicher als noch vor 100 Jahren. Der Grund sind Regulierungen durch die Zentralbanken sowie staatliche Eingriffsmöglichkeiten, ein Beispiel dafür sind die Bankenrettungen während der von 2007 bis 2009 dauernden Finanzkrise. Aber im Durchschnitt können Sie alle fünf bis zehn Jahre mit einem Börsencrash rechnen, und wie bereits gesagt, folgt auf einen Crash häufig ein längerer Bärenmarkt.

6.3 Der Crash kommt! Oder vielleicht doch nicht?

Bärenmarkt	Kursrückgang	Dauer des Bärenmarkts	Zeit bis zur vollständigen Erholung
Corona-Crash (2020)	ca. -34 %	Februar 2020 bis März 2020 (ca. 1 Monat)	ca. 5 Monate
Finanzkrise (2007–2009)	ca. -57 %	Oktober 2007 bis März 2009 (ca. 17 Monate)	ca. 4 Jahre
Dotcom-Blase (2000–2002)	ca. -49 %	März 2000 bis Oktober 2002 (ca. 30 Monate)	ca. 7 Jahre
Bärenmarkt 1987 (Schwarzer Montag)	ca. -34 %	Oktober 1987 bis Dezember 1987 (ca. 2 Monate)	ca. 2 Jahre
Ölkrise und Inflation (1973–1974)	ca. -48 %	Januar 1973 bis Oktober 1974 (ca. 21 Monate)	ca. 7 Jahre
Große Depression (1929–1932)	ca. -86 %	September 1929 bis Juni 1932 (ca. 33 Monate)	ca. 25 Jahre

Was ist eine Börsenblase?

Man muss aber auch sagen, dass der Großen Depression eine Phase der Euphorie vorausging. Und die Erholung hätte nur dann 25 Jahre lang gedauert, wenn Sie zum höchsten Kurs eingestiegen wären, und das wäre ja schon mehr als Pech gewesen. Damals gab es eine sogenannte Milchmädchenhausse. Sie markiert die letzte Phase einer Spekulationsblase und zeichnet sich dadurch aus, dass plötzlich Leute Aktien kaufen und im Supermarkt darüber sprechen, die vorher überhaupt nichts mit Aktien zu tun hatten. Übrigens war das auch bei der Dotcom-Blase um die Jahrtausendwende der Fall.

Kann man einen Crash vorhersehen?

Hüten Sie sich vor Crashpropheten, denn niemand, wirklich niemand kann einen Börsencrash vorhersehen. Die Unvorhersehbarkeit gehört zu einem Crash einfach dazu. Der Publizist Nassim Nicholas Taleb spricht in diesem Zusammenhang von einem »Schwarzen Schwan«, den niemand kommen sieht. Es gibt aber schon Anzeichen dafür, wann Sie vorsichtiger agieren sollten, zum Beispiel, wenn das Thema Aktien plötzlich von der Boulevardpresse ausgeschlachtet wird.

Wie kann ich sehen, ob ein Markt überbewertet ist?

Eine reale Gefahr können auch Überbewertungen des Marktes sein, allerdings hat sich da durch die niedrigen Zinsen der letzten Jahre und inzwischen sogar Jahrzehnte etwas verändert. Nehmen wir als Beispiel den Buffett-Indikator.

Der Buffett-Indikator ist ein Maßstab, der dabei helfen soll einzuschätzen, ob ein Aktienmarkt gerade teuer oder günstig bewertet ist. Er setzt die gesamte Marktkapitalisierung aller börsennotierten Unternehmen eines Landes ins Verhältnis zum Bruttoinlandsprodukt (BIP). Ist das Verhältnis deutlich über dem historischen Durchschnitt, spricht das dafür, dass der Markt überbewertet sein könnte. Warren Buffett selbst hält diesen Indikator für einen der besten Gradmesser, um die Bewertung eines Marktes einzuschätzen.

Aber: Der Buffett-Indikator zeigt nun schon seit Jahren auf »Overvalued« oder »Strongly Overvalued«, doch die Börsen steigen – kleinere Rückschläge lassen wir außen vor – trotzdem immer weiter.

Den Buffett-Indikator können Sie unter anderem auf der englischsprachigen Seite https://www.currentmarketvaluation.com/models/buffett-indicator.php ansehen. Dort finden Sie auch noch weitere Indikatoren. Für eine Crash-Vorhersage sind aber auch diese nicht tauglich, und Sie sollten auch nicht Ihre langfristige Geldanlage darauf aufbauen.

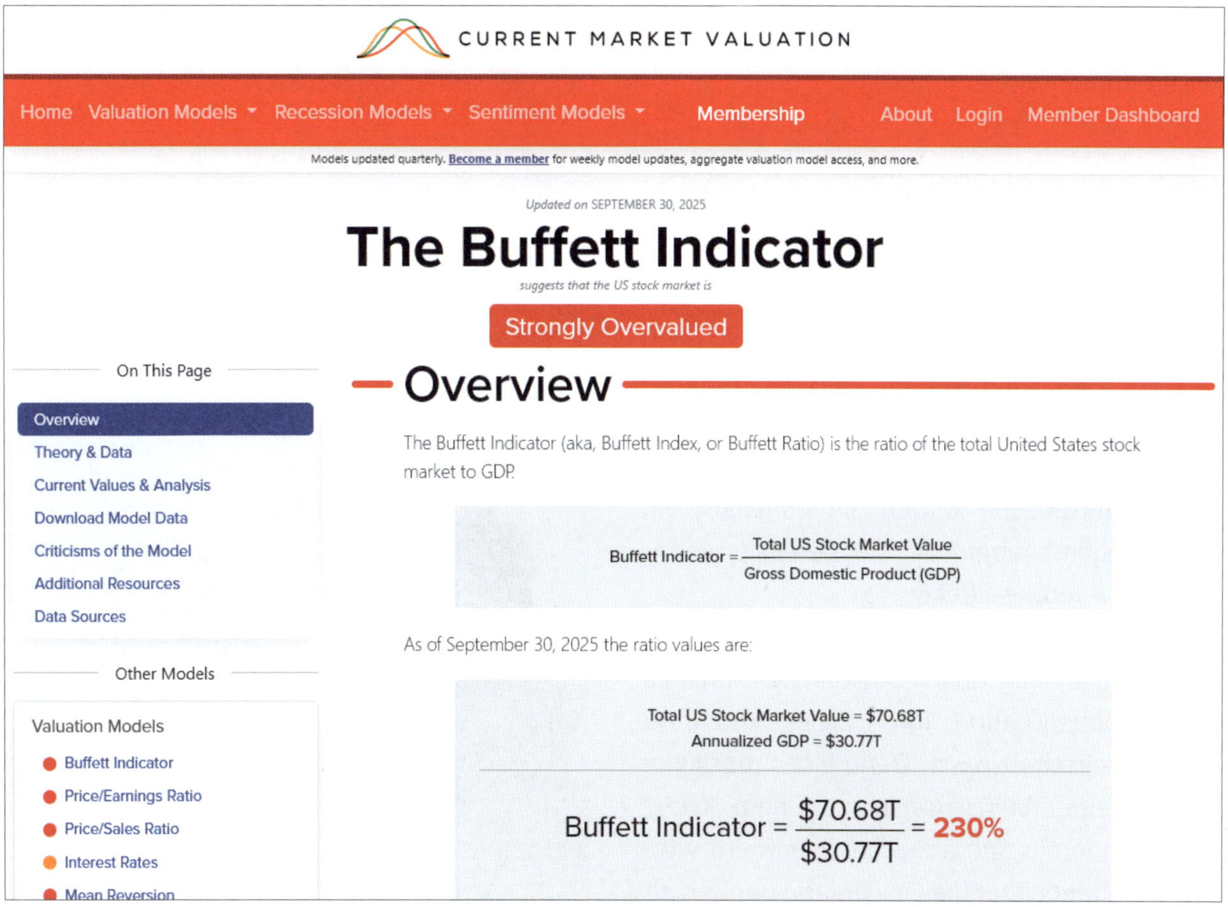

Der Buffett-Indikator kann Sie manchmal das Fürchten leeren, aber der Markt ist schon seit mehreren Jahren überbewertet und schert sich scheinbar nicht darum. Oder sollte Buffett doch wieder recht behalten?

6.3 Der Crash kommt! Oder vielleicht doch nicht?

Wie sollte ich mich in einer Börsenkrise verhalten?

Und wenn der Crash bzw. der Bärenmarkt kommt: Dann ist es besonders wichtig, dass Sie einen kühlen Kopf bewahren und nicht in Panik geraten. Emotionale Entscheidungen führen häufig zu Fehlern, die sich im Nachhinein als sehr teuer erweisen können. Stattdessen empfiehlt sich ein besonnenes Vorgehen.

Vergegenwärtigen Sie sich immer wieder Ihre persönliche Anlagestrategie: Haben Sie, wie in diesem Buch vorgeschlagen, langfristig und breit gestreut investiert? Dann gibt es meist keinen Grund, überhastet zu handeln. Historisch betrachtet haben sich die Märkte nach Krisen immer wieder erholt.

Vermeiden Sie es unbedingt, EFTs und andere Anlageprodukte im Zuge eines Kurseinbruchs unüberlegt zu verkaufen. Wer in der Krise verkauft, realisiert Verluste, die sich bei einer späteren Erholung aller Wahrscheinlichkeit nach wieder ausgleichen werden. Falls Sie regelmäßig investieren, beispielsweise per Sparplan, bleiben Sie am besten dabei. Gerade in schwachen Marktphasen kaufen Sie günstiger ein und profitieren langfristig vom bereits erwähnten Cost-Average-Effekt.

Prüfen Sie jeweils, ob Ihre Geldanlage noch zu Ihrer Lebenssituation, Ihren Zielen und Ihrer Risikobereitschaft passt. Denn eines muss klar sein: In einer Wirtschaftskrise, einem Krieg, einer Pandemie und ähnlich Schlimmem werden Sie anders über die Geldanlage denken als heute. Dann rückt nämlich das blanke finanzielle Überleben in den Mittelpunkt.

Zudem ist es ratsam, sich nicht von Medienberichten oder vermeintlichen Expertenmeinungen leiten zu lassen, sondern sich auf Fakten und die eigene Strategie zu konzentrieren. Ein kritischer Blick auf die eigenen Emotionen und die Fähigkeit, Marktschwankungen auszuhalten, gehören zu den wichtigsten Eigenschaften erfolgreicher Anleger und Anlegerinnen.

Vergessen Sie außerdem niemals, einen »Notgroschen« parat zu haben, um auf Unvorhergesehenes vorbereitet zu sein und auch schlechte Zeiten unbeschadet überbrücken zu können. So können Sie auch Börsenturbulenzen gelassener begegnen.

Diversifizieren Sie Ihr Anlageportfolio, bleiben Sie Ihrer Strategie treu und lassen Sie sich nicht von kurzfristigen Schwankungen aus der Ruhe bringen. So sind Sie für die nächste Börsenkrise gut gewappnet und können langfristig von den Chancen der Kapitalmärkte profitieren.

6.4 Häufige Fehler bei der Geldanlage vermeiden

Den größten Fehler bei der Geldanlage begeht die Mehrzahl der Menschen. Sie fangen nicht endlich mit dem Investieren an, sondern schieben das Thema auf die lange Bank, verdrängen es womöglich und gönnen sich lieber den einen oder anderen Konsum. Aber es gibt natürlich noch weitere Geldanlagefehler, ehrlich gesagt lauern diese an jeder Ecke. Ich habe zwölf typische Fehler für Sie zusammengestellt.

1. Fehler: Mangelnde Diversifikation

Diesen Fehler haben wir bereits gründlich analysiert, aber er soll trotzdem noch mal erwähnt werden. Wer sein Geld nur in wenige Werte oder Branchen investiert, geht höhere Risiken ein. Gerade Immobilieneigentümer sind von diesem Fehler sehr häufig betroffen, denn welchen Prozentsatz nimmt der Wert Ihrer Immobilie(n) in Ihrem Gesamtportfolio ein? Und sind das nicht vor allem Objekte vor Ort? Die Lösung: Streuen Sie Ihr Kapital über verschiedene Anlageklassen, Regionen und Branchen. Besonders ETFs bieten eine einfache und kostengünstige Möglichkeit, breit zu diversifizieren.

2. Fehler: Herdentrieb

Der Herdentrieb führt dazu, dass Anleger und Anlegerinnen Trends folgen, »weil alle es tun«. Besonders in Boomphasen steigen viele Privatanleger ein, wenn die Kurse schon hoch sind. Oft werden bereits überteuerte Aktien gekauft, nur weil sie gerade in den Medien besprochen werden. Auch Trendthemen wie Wasserstoff, künstliche Intelligenz oder Kryptowährungen locken viele Menschen an.

Die Lösung: Treffen Sie Ihre Entscheidungen ausschließlich auf der Basis eigener Recherchen und einer klaren Strategie. Hinterfragen Sie Empfehlungen und Hypes kritisch und investieren Sie nicht aus FOMO (**F**ear **o**f **M**issing **O**ut, auf Deutsch »Angst, etwas zu verpassen«). Prüfen Sie Trends stets kritisch und investieren Sie, wenn schon, nur einen kleinen Teil Ihres Kapitals in spekulative Themen.

3. Fehler: Market Timing

Viele Menschen versuchen, beim Kaufen oder Verkaufen von Wertpapieren, den »richtigen Moment« abzupassen. Ein Wertpapier ist aber immer nur gerade so viel wert, wie durch Angebot und Nachfrage ermittelt wird. Ob der Kurs noch steigen oder fallen könnte, ist reine

6.4 Häufige Fehler bei der Geldanlage vermeiden

Spekulation. Studien zeigen, dass selbst Profis daran scheitern, den Markt verlässlich zu timen – wie sollte es dann Ihnen von Ihrem Wohnzimmer aus gelingen?

Dieser Fehler ist nicht ohne, denn er kann bewirken, dass Anleger und Anlegerinnen während eines Crashs zum Tiefpunkt aus dem Markt aussteigen und dann nicht mehr den rechtzeitigen Einstieg finden, um die Erholungsrallye mitzumachen.

Die Lösung: Verfolgen Sie eine Buy-and-Hold-Strategie und bleiben Sie einfach langfristig investiert. Schwankungen werden auf lange Sicht automatisch geglättet, und Sie vermeiden das Risiko, den falschen Moment zu erwischen bzw. den richtigen Moment zu verpassen.

4. Fehler: Verlustaversion

Die Verlustaversion beschreibt die menschliche Tendenz, Verluste stärker zu gewichten als Gewinne. Viele Anleger und Anlegerinnen verkaufen verlustreiche Positionen nicht, weil sie hoffen, dass sich der Kurs erholt – oft bleibt das Depot dann über Jahre belastet. Dies betrifft in erster Linie den Handel mit Einzelaktien. Ein klassisches Beispiel: Wer eine Aktie kauft, die danach stark fällt, hält sie aus Angst vor dem endgültigen Verlust fest und verpasst Chancen auf bessere Investments.

Die Verlustaversion führt häufig auch zum »Verbilligen« des Aktieninvestments. Damit ist gemeint, dass Sie dem schlechten Geld noch gutes hinterherwerfen. Sie kaufen bei gesunkenem Kurs nach und hoffen, dass der Kurs später wieder auf das alte Level steigt. Aber er sinkt und sinkt weiter ...

Die Lösung: Setzen Sie sich klare Verkaufsregeln und akzeptieren Sie Verluste als Teil des Investierens. Überprüfen Sie regelmäßig, ob Ihr Investment noch zu Ihrer Strategie passt, und trennen Sie sich konsequent von schlechten Anlagen. Um die Verkaufsregel zu automatisieren, könnten Sie eine Stop-Order verwenden (vgl. Abschnitt 5.2).

5. Fehler: Emotionale Entscheidungen

Wie heißt es so schön oder auch nicht so schön: Gier frisst Hirn! Emotionen wie Angst, Gier oder Euphorie führen zu irrationalen Entscheidungen, und davon wird ein großer Teil des Börsengeschehens bestimmt. Viele Anleger und Anlegerinnen kaufen aus Begeisterung am Höhepunkt oder verkaufen aus Panik am Tiefpunkt, obwohl langfristig eine nachhaltige Erholung nach einem Crash die wahrscheinlichere Variante ist.

Die Lösung: Legen Sie von vornherein eine Strategie fest und halten Sie sich eisern daran, auch in turbulenten Zeiten. Häufige Strategiewechsel sind Gift für die Geldanlage. Ein Anlageplan hilft Ihnen dabei, Ihre Emotionen zu kontrollieren und ausschließlich rationale Entscheidungen zu treffen. Sie sollten außerdem nicht ständig in Ihr Depot schauen, denn das könnte Ihre Emotionen zusätzlich befeuern.

Sich in Krisen nicht den guten Schlaf rauben lassen – auch das gehört zu einer gesunden Geldanlage.

6. Fehler: Kostenignoranz

Mal eine Frage: Kaufen Sie lieber ein schlechtes Produkt zu einem hohen Preis oder ein gutes Produkt zu einem geringen Preis? Ich glaube, ich kenne die Antwort. Und deshalb sollten Sie bei der Geldanlage kostengünstigen ETFs gegenüber teuren gemanagten Fonds den Vorzug geben. Gebühren und Kosten werden oft unterschätzt. Sie schmälern die Rendite und können sich über Jahre stark auswirken. Dazu zählen Ausgabeaufschläge, Verwaltungsgebühren sowie eventuell versteckte Kosten. Ein gemanagter Fonds mit 2 % jährlichen Kosten liefert langfristig deutlich weniger Rendite als ein kostengünstiger ETF mit 0,2 % Gebühren.

Die Lösung: Vergleichen Sie die Kosten verschiedener Produkte und wählen Sie möglichst günstige Anbieter. Lassen Sie dabei andere Qualitätskriterien nicht außer acht, zum Beispiel bei einem ETF die Tracking-Differenz (Unterschied der Entwicklung im Vergleich mit dem zugrunde liegenden Index) oder das Fondsvolumen (wie viel Geld ein ETF verwaltet). Sollten Sie einen Produktwechsel in Erwägung ziehen, rechnen Sie das auf alle Fälle auch im Hinblick auf die steuerlichen Auswirkungen durch.

7. Fehler: Mangelhafte Recherche

Man sollte niemals in ein Wertpapier investieren, ohne sich ausreichend zu informieren. Das gilt selbstverständlich auch für die von mir in diesem Buch erwähnten ETFs. Verlassen Sie sich nicht ausschließlich auf Empfehlungen von Freunden oder Medien, ohne die Produkte wirklich zu verstehen.

Oder vielleicht sehen Sie, dass eine Aktie einmal 70 Euro gekostet hat und nun für 10 Euro erhältlich ist. Das ist doch wahnsinnig günstig, nicht wahr? Natürlich nicht. Entscheidend ist die Marktkapitalisierung, denn der Kurs könnte auch deshalb so niedrig sein, weil die Aktie »gesplittet« wurde. Wenn dies nicht der Fall ist, hat der Kursrutsch in jedem Fall andere

Gründe, und der Kurs kann von 10 Euro auch noch auf 10 Cent sinken. Dann würden Sie aus 100 Euro einen Euro machen, hätten also 99 Euro verloren. Eine Aktie ist niemals deshalb günstig, nur weil der Stückpreis niedrig ist!

Die Lösung: Informieren Sie sich vor jeder Investition gründlich. Lesen Sie Produktinformationen, vergleichen Sie Alternativen und recherchieren Sie, was Sie noch nicht durchschauen. Halten Sie sich außerdem an die Worte der Investorenlegende Charles Munger: »Invert, always invert« – also gerade dann, wenn Sie total von einem Wertpapier überzeugt sind, sollten Sie sich gründlich fragen, woran das Investment scheitern könnte.

8. Fehler: Falsche Risikoeinschätzung

Menschen neigen dazu, Risiken falsch einzuschätzen. Entweder gehen sie zu hohe Risiken ein oder sie sind zu vorsichtig und verzichten auf Renditechancen. Die richtige Balance hängt von Ihren Zielen und Ihrer Lebenssituation ab. Häufig investieren junge Anleger und Anlegerinnen zu konservativ und lassen dadurch langfristiges Renditepotenzial auf der Straße liegen. Ältere Personen riskieren vielleicht manchmal zu viel, fokussieren sich auf Aktien und riskieren Verluste vor oder im Ruhestand.

Die Lösung: Analysieren Sie Ihr Risikoprofil und passen Sie Ihr Portfolio entsprechend an. Im Formularteil finden Sie dazu ein entsprechendes Formular.

9. Fehler: Große Erwartungen

Nein, damit ist nicht der berühmte Roman von Charles Dickens gemeint, sondern die Neigung mancher Menschen, die Renditen bei der Geldanlage zu überschätzen. Sie halten sich womöglich für einen zweiten Warren Buffett. Unrealistische Renditeziele können jedoch zu riskanten Anlageentscheidungen sowie zu Frustration führen. Wer mit Aktien ein jährliches Plus von 20 % erwartet, wird langfristig enttäuscht sein. Auch die Inflationsrate wird bei zu optimistischen Erwartungen häufig nicht berücksichtigt, letztlich zählt aber nur die kaufkraftbereinigte Rendite.

Die Lösung: Setzen Sie sich erreichbare Ziele und orientieren Sie sich an langfristigen Durchschnittswerten. Kalkulieren Sie lieber mit konservativen Annahmen und freuen Sie sich über positive Überraschungen. Übrigens: Auch mit einem weltweiten Aktien-ETF werden Sie in manchen Jahren 20 % oder mehr erzielen, nur halt nicht jedes Jahr.

10. Fehler: Eigenen Einfluss überschätzen

Dieser Fehler ist mit den zu großen Erwartungen verwandt. Er beruht darauf, dass Menschen ihren persönlichen Einfluss im Hinblick auf die Geldanlage überschätzen. Diese Menschen wissen viel und lernen regelmäßig über die Geldanlage dazu, perfekt! Aber auf vieles hat man einfach keinen Einfluss, etwa die wirtschaftliche Situation in einem Land oder ob ein Leitzins erhöht oder gesenkt wird.

Die Lösung: Verstehen Sie die Wirtschaft als Meer mit unterschiedlichem Wellengang. Ihre Aufgabe bei der Geldanlage besteht darin, das Schiff über Wasser zu halten und zum Anlageziel zu führen, das heißt, Sie brauchen Kenntnisse über die Navigation, aber Sie können den Wellengang nicht steuern.

11. Fehler: Steuern aussparen

Ja, auch Steuern gehören nun mal zum Leben dazu. Steuern auf Kapitalerträge werden bei langfristigen Planungen aber oft vergessen, dabei beeinflussen sie die Nettorendite erheblich. Wer steuerliche Regeln nicht beachtet, verschenkt unter Umständen Geld (Stichwort: Sparerpauschbetrag ausschöpfen) oder riskiert Nachzahlungen (Stichwort: Vorabpauschale).

Die Lösung: Beherzigen Sie das im Abschnitt 5.3 Gelesene und halten Sie sich über die steuerlichen Entwicklungen auf dem Laufenden. Im Zweifelsfall lassen Sie sich von einer Fachperson beraten. Nutzen Sie alle Ihnen zustehenden Freibeträge und prüfen Sie, ob Sie Ihre Steuererklärung noch optimieren können.

12. Fehler: Portfolio nicht pflegen

Das in diesem Buch empfohlene Buy and Hold soll bitte nicht so verstanden werden, dass Sie sich ab sofort um nichts mehr zu kümmern brauchen. Sie sollten schon hin und wieder in Ihrem Depot nach dem Rechten sehen, Ausschüttungen wieder anlegen, sich über mögliche Änderungen beim ETF informieren. Vielleicht gibt es mittlerweile auch ein Anlageprodukt, das viel besser ist als das ursprünglich gewählte? Dann könnten Sie einen Produktwechsel durchkalkulieren.

Wichtig ist die Portfoliopflege aber vor allem, wenn Sie in einem breit diversifizierten Portfolio ein regelmäßiges Rebalancing durchführen sollten, dies aber versäumen. Sie laufen dann Gefahr, dass der ursprünglich geplante Vermögensmix (im Fachjargon: die Asset-Allokation) für Sie schon nach wenigen Jahren nicht mehr passt.

Die Lösung: Überprüfen Sie Ihre Geldanlage mindestens einmal im Jahr oder sogar vierteljährlich. Passen Sie das Portfolio bei Bedarf an, etwa nach größeren Marktveränderungen oder auch bei veränderten Lebensumständen.

6.5 Nach dem Sparen kommt das Entsparen

Nachdem Sie jahrzehntelang gespart und investiert haben, sollen nicht nur Ihre Erben etwas davon haben. Stattdessen fragen Sie sich: Wie verwende ich das aufgebaute Vermögen, um mir einen angenehmen Ruhestand zu ermöglichen. Bei entsprechendem Vermögen ist dies auch schon vor dem offiziellen Renteneintrittsalter möglich.

Man spricht in diesem Zusammenhang vom Entsparen oder auch von der Vermögensentnahmephase. Während in der Vermögensaufbauphase der Fokus auf dem Sparen und Investieren liegt, geht es nun darum, das Erreichte sinnvoll und planvoll zu nutzen, und zwar ohne das Risiko einzugehen, dass das Geld vorzeitig aufgebraucht ist.

Aber ich kann doch nicht wissen, wie alt ich werde?

Sie wissen nicht, ob Sie über 100 Jahre alt werden oder ob der Sensenmann bereits vor Ihrer Tür wartet. Beim Entsparen sollten Sie auf alle Fälle davon ausgehen, dass Sie steinalt werden, damit Ihnen nicht irgendwann das Geld ausgeht.

Wenn Sie einen Anhaltspunkt für Ihre verbleibende Lebensdauer wünschen, ziehen Sie nicht die durchschnittliche Lebenserwartung heran, die in Deutschland bei rund 83 Jahren für Frauen und bei knapp 79 Jahren für Männer liegt. Die durchschnittliche Lebenserwartung hat ein Kind bei seiner Geburt. Aber inzwischen haben Sie schon einige Risiken hinter sich gebracht.

Schauen Sie stattdessen auf eine Tabelle oder einen Rechner, die ihre bisherige Lebenszeit einbeziehen. Das wird Sie dann gleich optimistischer stimmen, zumindest mir geht es so. Die Allianz bietet beispielsweise einen solchen Rechner an unter der Webadresse: https://www.allianz.de/vorsorge/tools/lebenserwartungsrechner.

Aber ganz egal, ob Sie optimistisch oder pessimistisch rechnen: Die Unsicherheit, wie alt Sie eigentlich werden, bleibt. Übrigens gibt es Fortschritte in der Medizin, die in wenigen Jahrzehnten die Lebenserwartung der Menschen noch einmal deutlich verlängern könnte. Entsprechend sollten Sie die Vermögensentsparphase so ausrichten, dass Sie von einem sehr, sehr langen Leben ausgehen.

Das sieht nicht schlecht aus: Eine Frau Jahrgang 1980 hat heute laut Allianz eine Lebenserwartung von 93,7 Jahren.

Was gibt es in der Entnahmephase noch zu beachten?

Neben der individuellen Lebenserwartung sollten Sie auch geänderte persönliche Ziele, einen möglichen heftigen Markteinbruch oder auch unerwartete steuerliche Rahmenbedingungen in Ihre Überlegungen zur Vermögensentnahmephase einbeziehen.

Das alles kann Ihre ursprünglichen Berechnungen über Bord werfen, und auf die Sicht von Jahrzehnten lassen sich einfach keine klaren Voraussagen treffen. Sie sollten Ihren prozentualen Entnahmebetrag deshalb nicht zu hoch ansetzen, sondern lieber einen Risikopuffer einplanen.

6.5 Nach dem Sparen kommt das Entsparen

Welche verschiedenen Modelle der Vermögensentnahme gibt es?

Es gibt verschiedene Ansätze, wie Sie Ihr Vermögen im Ruhestand »entsparen« können. Die Wahl des passenden Modells hängt von Ihren individuellen Bedürfnissen, Ihrer Vermögensstruktur sowie auch Ihrer Risikobereitschaft ab.

Ich möchte Ihnen vier Modelle der Vermögensentnahme vorstellen:

- **Konstante Entnahmerate:** Bei diesem Modell entnehmen Sie jedes Jahr einen festen Prozentsatz des Anfangskapitals, beispielsweise 4 %. Die sogenannte 4-Prozent-Regel basiert auf historischen Analysen und soll das Risiko minimieren, dass das Vermögen vorzeitig aufgebraucht wird. Die Regel ist einfach umzusetzen, bietet jedoch absolut keine Garantie – insbesondere bei stark schwankenden Märkten oder einer sehr langen Entnahmephase kann sie an ihre Grenzen stoßen.

- **Dynamische Entnahmerate:** Hierbei wird die Entnahmerate jährlich an die Entwicklung des Portfolios sowie an die Inflation angepasst. In Jahren mit guten Renditen können Sie mehr entnehmen, in schwächeren Jahren reduzieren Sie die Entnahme. Dieses Modell erfordert eine regelmäßige Überprüfung des Portfolios und auch ein gerüttelt Maß an Disziplin. Dafür bietet es Ihnen eine größere Flexibilität und kann das Risiko des Kapitalverzehrs reduzieren.

- **Eimer-Modell:** Bei diesem Modell teilen Sie Vermögen in verschiedene »Eimer« mit unterschiedlicher Risikostruktur auf – zum Beispiel kurzfristige Rücklagen für ein bis drei Jahre (Tagesgeld, Festgeld), mittelfristige Anlagen (Anleihen, Mischfonds) und langfristige Investments (Aktien, Immobilien). Die Entnahmen erfolgen zunächst aus dem sichersten Eimer. Dieses Modell sorgt für Sicherheit und Flexibilität, erfordert aber eine sorgfältige Strukturierung und regelmäßige Umschichtungen.

- **Sofortrente:** Eine weitere Möglichkeit ist der Abschluss einer privaten Rentenversicherung oder eines Auszahlplans bei einer Bank oder Fondsgesellschaft. Hierbei wird das Kapital in eine regelmäßige lebenslange Rente umgewandelt. Der Vorteil: Sie haben Planungssicherheit und ein verlässliches Einkommen. Allerdings fallen oft hohe Gebühren an, die Rendite ist winzig, das Kapital bleibt meist gebunden, und im Todesfall geht es womöglich an das Versicherungsunternehmen. Von dieser Variante würde ich daher eher abraten.

Haben Sie einige Punkte auf Ihrem Rentenkonto gesammelt, verschafft Ihnen die gesetzliche Rente eine zusätzliche Sicherheit. Denn »Die Rente ist sicher!«, wusste schon der Politiker Norbert Blüm. Ob das in Zukunft so sein wird, wird man sehen.

Gute Nachrichten: Die Rente ist sicher! Oder glauben Sie das etwa nicht?

Bitte ein Beispiel für das Eimer-Modell

Das Eimer-Modell klingt erst einmal etwas komplex, bietet aber den Vorteil, dass schwache Marktphasen ausgesessen werden können. Nehmen Sie als Beispiel Herrn Müller. Dieser Herr teilt sein Vermögen in drei Teile auf: 60.000 Euro liegen als Liquiditätsreserve auf dem Tagesgeldkonto, 140.000 Euro in Anleihen für die nächsten zehn Jahre und 200.000 Euro in Aktien-ETFs für den langfristigen Bedarf. Die monatlichen Ausgaben bestreitet er zunächst aus den sicheren Rücklagen. In schwachen Börsenjahren muss er so keine Aktien verkaufen, sondern kann abwarten, bis sich die Märkte erholen. In starken Börsenjahren kann er die Liquiditätsreserve wieder aufbauen.

Kann ich einfach aus meinem bestehenden Depot entsparen?

Einige Depotbanken bieten die Möglichkeit, einen Entnahmeplan einzurichten. Er funktioniert gewissermaßen umgekehrt wie ein Sparplan: Statt Wertpapiere für einen bestimmten Betrag zu kaufen, werden diese für einen bestimmten Betrag verkauft, und Sie können sich den Erlös auf Ihr Girokonto auszahlen lassen.

6.5 Nach dem Sparen kommt das Entsparen

Was ist in der Vermögensentnahmephase steuerlich zu beachten?

Die steuerliche Behandlung entspricht dem in Kapitel 5 Gesagten, wobei sich steuerliche Gesichtspunkte auf lange Sicht aber ändern könnten. Sie sollten sich also noch einmal gründlich informieren, wenn es mit dem Entsparen denn tatsächlich so weit ist.

Grob gesprochen, hängt die steuerliche Behandlung der Entnahmen von der Art des Vermögens ab. Kapitalerträge aus Aktien, Fonds oder Anleihen unterliegen in Deutschland der Kapitalertragsteuer, sofern der Sparerpauschbetrag überschritten wird. Bei sehr alten Verträgen gibt es allerdings teilweise Bestandsschutz oder eine günstigere Besteuerung.

Wichtig ist auf alle Fälle, dass Sie die steuerlichen Auswirkungen der Entnahme berücksichtigen und sich den Betrag nicht schönrechnen.

Sie könnten außerdem Optimierungsmöglichkeiten nutzen – etwa durch die Verteilung von Gewinnen auf mehrere Jahre, sodass Sie in jedem Jahr den Sparerpauschbetrag voll ausschöpfen. Auch Erbschafts- und Schenkungssteuer können ein Thema werden, nämlich dann, wenn Vermögen an Nachkommen übertragen werden soll.

Ich empfehle generell, frühzeitig alles durch Vollmachten, eine Patientenverfügung und ein Testament zu regeln, sodass Sie auch im Fall der Fälle handlungsfähig bleiben und Ihre Wünsche hinsichtlich der Vermögensverwendung sicherstellen. Zu diesen Themen würde ich Ihnen gern meine Bücher »Das große Vorsorge-Paket« sowie »Das große Erbrecht-Paket«, die ebenfalls im Verlag Markt+Technik erscheinen, ans Herz legen.

Welche Risiken gibt es in der Vermögensentnahmephase?

Beim Entsparen gibt es einige Risiken, die Sie kennen sollten. Eines dieser Risiken ist eigentlich erfreulich, nämlich das »Langlebigkeitsrisiko«. Aber was bedeuten die Risiken im Einzelnen?

- Langlebigkeitsrisiko: Damit ist das Risiko gemeint, dass Sie so lange leben, dass Ihr Vermögen nicht bis zum Lebensende reicht.
- Inflationsrisiko: Wenn Sie die Inflation nicht berücksichtigten, riskieren Sie, dass die Kaufkraft der Entnahmen Ihnen nicht mehr zum Leben ausreicht.
- Marktrisiko: Einbrechende Märkte zum Beginn der Entnahmephase können das Kapital stark schmälern – ein schlechter Start mit erheblichen Konsequenzen für die Entnahmerate. Man spricht hierbei vom Rendite-Reihenfolge-Risiko oder »Sequence of Returns Risk«.

- Zu hohe oder zu niedrige Entnahmen: Entnehmen Sie zu viel, gefährden Sie damit Ihre finanzielle Zukunft. Entnehmen Sie dagegen zu wenig, leben Sie unter Ihren Möglichkeiten und die Erben freuen sich.

- Fehlende Flexibilität: Starre Entnahmepläne ohne Anpassung an veränderte Lebensumstände oder Marktbedingungen können problematisch sein. Sind Änderungen an Ihrem Entnahmeplan erforderlich, nehmen Sie diese ohne Scheu vor.

- Steuerliche Fehlplanungen: Nicht genutzte Freibeträge, ungünstige Realisierung von Gewinnen oder unangemessene Schenkungen können die Steuerlast unnötig erhöhen.

Sparen und Budgetieren – das bleibt Ihnen also auch im Ruhestand nicht erspart. Es sei denn, Sie haben ein so großes Vermögen aufgebaut, dass Sie es in einem einzigen Leben gar nicht mehr ausgeben können.

Das wünsche ich Ihnen – eine glückliche, ruhige Hand bei der Geldanlage!

Anhang

Nun möchte ich Ihnen noch einige meiner Lieblings-Finanzbücher kurz vorstellen. Ich selbst lese – oder höre – diese Bücher immer wieder. Sie geben mir einen zusätzlichem Motivationskick, um mit der Geldanlage immer weiterzumachen.

Sie finden außerdem einige Webadressen, etwa um Depots zu vergleichen, Finanz-News zu lesen oder um Ihre Rendite zu berechnen. Es gibt auch eine Reihe von Podcasts und YouTube-Kanälen zum Thema, aber diese möchte ich Ihnen nicht empfehlen, denn sie könnten Sie dazu verleiten, falsche Anlageentscheidungen zu treffen, etwa wenn vor einer Rezession gewarnt wird, die dann doch nicht eintritt. Bleiben Sie bei Buy and Hold – die Wissenschaft sagt, dass dies der beste und zudem auch der bequemste Weg ist, vermögend zu werden!

Schließlich habe ich einige wichtige Begriffe und Abkürzungen rund um das Thema ETF sowie zu den Themen Aktien, Anleihen und Immobilien zusammengefasst und kurz erklärt. So finden Sie alles auf einen Blick.

Nützliche Finanzlektüre, die Sie weiterbringt

Lesen Sie sich weiter in das Thema Finanzen ein, denn auch in diesem Zusammenhang ist Diversifikation angesagt. Hören Sie nicht nur auf eine Meinung!

Bei den folgenden Finanzbüchern geht es zum Teil aber weniger um verschiedene Arten der Geldanlage als vielmehr um die entsprechende Geisteshaltung.

- George S. Clason, *Der reichste Mann von Babylon* (Goldmann Verlag, 2024). In diesem Finanzbuch-Klassiker, der erstmals 1926 erschien, lesen Sie in erzählerischer Form über den Aufstieg des Babyloniers Arkad vom bettelarmen Schreiber bis zum reichsten Mann von Babylon.

- Robert T. Kiyosaki, *Rich Dad Poor Dad* (Deutscher Wirtschaftsbuch Verlag, 2025). In diesem deutlich jüngeren Klassiker der Finanzliteratur werden die beiden »Väter« des Autors vorgestellt und der Unterschied zwischen Investieren und Spekulieren herausgearbeitet. Das Werk ist etwas immobilienlastig, aber dennoch sehr lesenswert.

- Vicki Robin, Joe Dominguez, *Mehr Geld für mehr Leben* (Redline Verlag, 2018). Bei diesem Buch handelt es sich um eine Art Bibel der FIRE-Bewegung. Es führt Ihnen vor Augen, wie Sie Ihre Lebensenergie für Arbeit einsetzen, um sich dann viele sinnlose Dinge zu kaufen. Nach der Lektüre werden Sie vor dem Kauf eines Produkts überlegen, wie viel Lebensenergie es kostet.

- Gerd Kommer, *Souverän investieren mit Indexfonds und ETFs* (Campus Verlag, 2024). Dieses Buch beschreibt ausführlich und mit wissenschaftlichen Analysen die Vorteile des passiven Investierens. Die in dem Buch vorgestellten »Faktorprämien« können allerdings hinterfragt werden – es gab sie in der Vergangenheit, aber wird es sie auch in Zukunft geben?

- Morgan Housel, *Über die Psychologie des Geldes* (FinanzBuch Verlag, 2024). Ein äußerst lehrreiches Buch darüber, was einen guten Investor ausmacht und welche Fallstricke auf dem Weg zum Reichtum lauern. Auch die »Fortsetzung« *Über die Kunst, Geld bewusst einzusetzen* (FinanzBuch Verlag, 2025) kann ich sehr empfehlen.

- MJ DeMarco, *The Millionaire Fastlane* (FinanzBuch Verlag, 2021). Diese Lektüre schlage ich vor, um auch mal eine andere Perspektive einzunehmen. Der Autor findet, dass der Lohn für jahrzehntelanges Investieren die Perspektive ist, die reichste Person im Altenheim zu sein. Er empfiehlt als Alternative, sich mit der Gründung eines eigenen Unternehmens auf die »Überholspur« zu begeben.

- Sahil Bloom, *Die 5 Arten des Reichtums* (Piper Verlag, 2025). Dass zum Reichtum nicht bloß Geld gehört, veranschaulicht auf eindrückliche Weise dieses Buch. Es zeigt, wie Sie gleich fünf Arten von Reichtum erlangen, nämlich neben der finanziellen Unabhängigkeit auch genug Zeit, erfüllende Beziehungen, körperliche Fitness sowie geistigen Reichtum.

Ach, es gibt noch so viele weitere tolle Finanzbücher: *Das kleine Handbuch des vernünftigen Investierens* von John C. Bogle, *Die genial einfache Vermögensstrategie* von Martin Weber, *Rente mit 40* von Florian Wagner und viele weitere. Nehmen Sie sich doch einmal die Zeit, in einer Buchhandlung Ihrer Wahl nach Büchern zum Thema Finanzen zu stöbern. Erfahrung bei der Geldanlage ist zwar grundsätzlich am wichtigsten, aber auch angelesenes Finanzwissen kann Sie vor teuren Fehlern bewahren.

Finanz-Webseiten, die Sie kennen sollten

Hüten Sie sich vor Börsenmagazinen oder Webseiten, die immer eine neue Anlagesau durchs Dorf treiben! Wenn Sie auf einer solchen Basis Anlageentscheidungen treffen würden, wären Verluste vorprogrammiert. Ich möchte Ihnen hier nur eine kleine Auswahl von Finanz-Webseiten vorstellen, auf denen Sie sich informieren oder Berechnungen durchführen können.

- CNBC: Unter der Webadresse https://www.cnbc.com finden Sie die englischsprachige Seite »Consumer News and Business Channel«. Es ist wohl die weltweit beste Seite, um sich fast in Echtzeit über aktuelle Finanz-News zu informieren. Falls Sie der englischen Sprache nicht mächtig sein sollten, können Sie die Übersetzungsfunktion Ihres Webbrowsers nutzen.

- finanzen.net: Auch auf deutschen Webseiten lesen Sie Finanz-News; die Webadresse https://www.finanzen.net ist nur eines von vielen Informationsangeboten ähnlicher Art.

- justETF: Um sich speziell über die unterschiedlichen ETFs zu informieren, ist die Webadresse https://www.justetf.com eine ausgezeichnete Wahl. Sie können hier aber nicht nur ETFs vergleichen, sondern zum Beispiel auch Tagesgeldangebote.

- Finanztip: Allen möglichen Rat, Empfehlungen, Vergleiche und Rechner holen Sie sich auf der Seite https://www.finanztip.de ab. Finanztip wird von einer Stiftung betrieben, Sie brauchen sich dort also keine Sorgen zu machen, dass Ihnen etwas aufgeschwatzt wird.

- finanzfluss: Die Seite Finanzfluss wird unter https://www.finanzfluss.de von sogenannten Finfluencern betrieben. Die Informationen, die Sie dort erhalten, sind in jedem Fall seriös, allerdings müssen Sie sich durch eine Masse an Links klicken. Direkt zu einem Depotvergleich gelangen Sie unter der Webadresse https://www.finanzfluss.de/vergleich/depot. Auch der Abgeltungsteuerrechner ist sehr nützlich: https://www.finanzfluss.de/rechner/abgeltungssteuer.

- Handelsblatt: Das 1946 gegründete »Handelsblatt« ist ein Urgestein unter den Wirtschaftsmedien. Natürlich bietet auch das Handelsblatt Finanz-News. Hier seien Ihnen speziell die verschiedenen Rendite-Rechner empfohlen, die Sie unter der Webadresse https://rendite.rechner.handelsblatt.com finden.

- Blitzrechner: Und falls Sie nur mal auf die Schnelle das eine oder andere Prozent berechnen möchten, gehen Sie auf die Seite https://www.blitzrechner.de/prozent.

Lassen Sie mich noch einmal vor unseriösen Seiten warnen, die im Internet zum Teil Inhalte anbieten, die mit künstlicher Intelligenz erstellt wurden und denen Sie als Anleger oder Anlegerin vollkommen egal sind. Auch Finanzforen kann ich Ihnen überhaupt nicht empfehlen, da dort oft versucht wird, bestimmte Aktien oder andere Anlageprodukte zu hypen. Wenn Sie auf so etwas hereinfallen, drohen massive Verluste, also: Finger weg!

ETF-Begriffe nachschlagen

Wer einen ETF auswählt, stößt schnell auf viele Fachbegriffe und Abkürzungen. Ein kleines Wörterbuch soll Ihnen dabei helfen, die wichtigsten Begriffe zu verstehen und sinnvoll für die eigene ETF-Auswahl zu nutzen.

Begriff/Abkürzung	Kurze Definition	Praxisbeispiel/Bedeutung für Anleger
Ausschüttend (Dist)	Ein ETF, der Erträge (z. B. Zinsen, Dividenden) regelmäßig an Anleger auszahlt.	Wer laufende Einnahmen wünscht, sollte einen ausschüttenden ETF wählen.
Benchmark	Vergleichsindex, an dem sich die Wertentwicklung des ETFs orientiert.	Die Auswahl des Benchmarks beeinflusst die Zusammensetzung und Performance des ETFs.
Domizil (Fondsdomizil)	Land, in dem der ETF seinen rechtlichen Sitz hat.	Das Domizil kann steuerliche Auswirkungen auf Ausschüttungen und Gewinne haben.
ESG	Abkürzung für »Umwelt, Soziales und Unternehmensführung« (Environmental, Social, Governance); Kriterien für nachhaltige Investments.	Anleger, die Wert auf Nachhaltigkeit legen, wählen oft ETFs mit ESG-Fokus, um verantwortungsbewusst zu investieren.
ETF (Exchange-Traded Fund)	Börsengehandelter Fonds, der einen Index abbildet und jederzeit handelbar ist.	ETFs ermöglichen eine breite Streuung und sind meist günstiger als aktiv gemanagte Fonds.
Index	Eine Zusammenstellung von Wertpapieren, die einen bestimmten Markt abbildet.	Ein ETF bildet in der Regel einen Index wie den DAX oder MSCI World nach.
ISIN (International Securities Identification Number)	International eindeutige Kennnummer für Wertpapiere.	Dient der eindeutigen Identifikation von Aktien und Fonds.
Order	Kauf- oder Verkaufsauftrag für Wertpapiere an der Börse.	Erlaubt gezielte Transaktionen zu Wunschkursen.
Physisch replizierend	Der ETF kauft die im Index enthaltenen Wertpapiere tatsächlich.	Physische Replikation gilt als transparent; Anleger besitzen die Wertpapiere indirekt.
Replikation	Art und Weise, wie der ETF den Index nachbildet (physisch oder synthetisch).	Die Replikationsmethode kann Einfluss auf Risiko und Nachbildungstreue haben.
SRI	Abkürzung für »Socially Responsible Investing«; Investmentansatz, der ethische, soziale und ökologische Kriterien berücksichtigt.	Mit SRI-ETFs können Anleger gezielt in Unternehmen investieren, die bestimmte ethische Standards erfüllen.

Begriff/Abkürzung	Kurze Definition	Praxisbeispiel/Bedeutung für Anleger
Swap (synthetisch replizierend)	Der ETF bildet den Index mithilfe von Tauschgeschäften (Swaps) ab, ohne alle Wertpapiere zu besitzen.	Synthetische ETFs ermöglichen die Abbildung komplizierter Indizes, bergen aber Kontrahentenrisiken.
TER (Total Expense Ratio)	Gesamtkostenquote, die die jährlichen laufenden Kosten des ETFs angibt (in Prozent).	Eine niedrige TER bedeutet geringere Kosten und höhere Renditechancen für Anleger.
Thesaurierend (Acc)	Erträge werden automatisch wieder im Fonds angelegt, statt ausgeschüttet zu werden.	Thesaurierende ETFs sind geeignet, wenn der Fokus auf langfristigem Vermögensaufbau liegt.
Tracking Difference (Tracking-Differenz)	Abweichung zwischen Wertentwicklung des ETFs und seines Vergleichsindex.	Eine niedrige Tracking-Differenz zeigt, dass der ETF den Index möglichst genau abbildet.
Tracking Error	Maß für die Schwankung der Abweichung zwischen ETF und Indexrendite.	Niedriger Tracking Error steht für hohe Nachbildungstreue und Stabilität.
UCITS	Europäische Richtlinie, die Mindeststandards für Fonds regelt (Sicherheit, Transparenz).	UCITS-ETFs gelten als besonders sicher und sind für Privatanleger geeignet.
Volatilität	Maß für die Schwankungsbreite des Kurses.	Höhere Volatilität bedeutet mehr Risiko, aber auch mehr Gewinnchancen.
Volumen (Fondsvolumen)	Gesamtes investiertes Kapital im ETF.	Ein hohes Fondsvolumen spricht für Liquidität und geringeres Schließungsrisiko.
Zwischengewinn	Erträge, die noch nicht ausgeschüttet oder thesauriert wurden.	Kann bei Verkauf des ETFs steuerlich relevant sein.

Aktienbegriffe nachschlagen

Auch zum Thema Einzelaktien gibt es unzählige Begriffe, der Tabelle entnehmen Sie lediglich einige besonders wichtige.

Begriff/Abkürzung	Kurze Definition	Praxisbeispiel/Bedeutung für Anleger
Aktie	Wertpapier, das einen Anteil am Grundkapital einer Aktiengesellschaft verbrieft.	Bietet Chancen auf Kursgewinne und Dividenden, aber auch Verlustrisiken.
Allzeithoch/-tief	Der höchste/tiefste Stand, den eine Aktie seit Börsengang erreicht hat.	Kann als psychologische Marke für Anleger dienen.
Blue Chip	Aktien von großen, etablierten und finanziell soliden Unternehmen.	Gelten als besonders zuverlässig, oft im Fokus konservativer Anleger.
Börsenkurs	Der aktuelle Preis, zu dem eine Aktie an der Börse gehandelt wird.	Schwankt durch Angebot und Nachfrage.
Dividende	Ausschüttung eines Teils des Gewinns einer Aktiengesellschaft an die Aktionäre.	Regelmäßige Dividenden können das Gesamtergebnis verbessern.
Dividendenrendite	Verhältnis der Dividende zum aktuellen Aktienkurs (in Prozent).	Hilft beim Vergleich der Ertragskraft verschiedener Aktien.
EBITDA	Gewinn vor Zinsen, Steuern, Abschreibungen auf Sachanlagen und immaterielle Vermögenswerte.	Wichtige Kennzahl, um die operative Ertragskraft zu beurteilen.
Eigenkapitalquote	Anteil des Eigenkapitals am Gesamtkapital eines Unternehmens (in Prozent).	Hohe Eigenkapitalquote spricht für finanzielle Stabilität.
KBV (Kurs-Buchwert-Verhältnis)	Aktienkurs geteilt durch den Buchwert pro Aktie.	Wird häufig zur Bewertung von Substanzwerten genutzt.
KGV (Kurs-Gewinn-Verhältnis)	Aktienkurs geteilt durch den Gewinn pro Aktie.	Niedrige KGVs können auf günstige Bewertungen hindeuten, hohe auf Wachstumshoffnungen.
Marktkapitalisierung	Börsenwert eines Unternehmens: Aktienkurs mal Anzahl aller Aktien.	Erlaubt die Einteilung in Small Caps, Mid Caps und Large Caps.
Streubesitz	Anteil der Aktien, der sich im Besitz vieler verschiedener Anleger befindet.	Je höher der Streubesitz, desto besser die Handelbarkeit der Aktie.

Anleihenbegriffe nachschlagen

Anleihen kaufen Sie am einfachsten ebenfalls als ETF. Aber vielleicht möchten Sie sich trotzdem mit wichtigen Begriffen rund um Anleihen vertraut machen? Dann sehen Sie in der Tabelle nach.

Begriff/Abkürzung	Kurze Definition	Praxisbeispiel/Bedeutung für Anleger
Call-Option (Rückrufrecht)	Recht des Emittenten, die Anleihe vor Laufzeitende zurückzukaufen.	Kann für Anleger ein Wiederanlage-risiko bedeuten.
Emittent	Das Unternehmen oder der Staat, der die Anleihe ausgibt.	Die Bonität des Emittenten ist zentral für das Risiko der Anleihe.
Inflationsindexierte Anleihe	Anleihe, bei der Zins und/oder Rückzahlung an die Inflation gekoppelt sind.	Dient dem Schutz vor Kaufkraft-verlust.
Junk Bonds	Anleihen mit niedrigerem Rating, also höherem Ausfallrisiko.	Bieten meist höhere Zinsen als Anleihen mit Top-Rating.
Kupon	Jährlicher Zinssatz, den die Anleihe zahlt, meist in Prozent des Nominal-werts.	Bestimmt die regelmäßigen Zins-zahlungen an Investoren.
Kurs	Aktueller Preis der Anleihe an der Börse, meist in Prozent des Nominal-werts.	Ein Kurs über 100 bedeutet, dass die Anleihe teurer als ihr Nennwert gehandelt wird.
Laufzeit	Zeitraum bis zur Rückzahlung der Anleihe.	Unterschieden wird oft zwischen kurz-, mittel- und langfristigen Anleihen.
Nachranganleihe	Anleihe, die im Insolvenzfall nach-rangig bedient wird.	Bietet meist höhere Zinsen als vorrangige Anleihen.
Nominalwert	Der auf der Anleihe vermerkte Betrag, der am Ende der Laufzeit zurückgezahlt wird.	Auch als Nennwert oder Rück-zahlungsbetrag bezeichnet.
Rating	Bonitätsbewertung einer Anleihe durch spezialisierte Agenturen wie Moody's oder S&P.	Beeinflusst Zinshöhe und Risiko der Anleihe.
Rendite	Ertrag der Anleihe, meist als jähr-licher Prozentsatz des eingesetzten Kapitals angegeben.	Berechnet sich aus Kupon, Kaufkurs und Laufzeit.
Tilgung	Rückzahlung des Nominalwerts am Ende der Laufzeit.	Kann auch gestaffelt (z. B. bei Annuitätenanleihen) erfolgen.
Wandelanleihe	Anleihe, die unter bestimmten Be-dingungen in Aktien umgetauscht werden kann.	Bietet Chancen auf Kursgewinne, aber auch Risiken.

Immobilienbegriffe nachschlagen

Falls Sie eine oder mehrere Immobilien in Ihr Anlageportfolio aufnehmen möchten, sollten Sie sich mit den Vor- und Nachteilen befassen und sich möglichst viele Kenntnisse aneignen. Das Kennenlernen der Begriffe in der folgenden Tabelle kann dabei nur der Anfang sein.

Begriff/Abkürzung	Kurze Definition	Praxisbeispiel/Bedeutung für Anleger
Baugenehmigung	Amtliche Erlaubnis für die Errichtung, den Umbau oder die Erweiterung eines Gebäudes.	Verfahren erfolgt bei der zuständigen Bauaufsichtsbehörde.
Eigentumswohnung	Wohnung in einem Mehrfamilienhaus, deren Eigentum einzeln erworben werden kann.	Teil einer Wohnungseigentümergemeinschaft, meist mit Hausgeldpflicht.
Grundbuch	Öffentliches Register, in dem alle Grundstücke und deren Eigentumsverhältnisse verzeichnet sind.	Rechtliche Grundlage für Eigentum und Belastungen an Immobilien.
Grundsteuer	Von den Kommunen erhobene Steuer auf den Besitz von Grundstücken und Immobilien.	Fällt jährlich an und ist abhängig vom Einheitswert der Immobilie.
Hausgeld	Monatlicher Beitrag der Eigentümer einer Wohnung für Gemeinschaftskosten wie Instandhaltung und Verwaltung.	Wird von der Hausverwaltung eingezogen und abgerechnet.
Hypothek	Grundpfandrecht, das zur Sicherung eines Kredits auf einer Immobilie eingetragen wird.	Bei Zahlungsausfall kann die Immobilie verwertet werden.
Immobilienrendite	Ertrag, der durch Vermietung oder Verkauf einer Immobilie erzielt wird, meist als Prozentsatz des eingesetzten Kapitals.	Wichtige Kennzahl für Investoren zur Bewertung der Wirtschaftlichkeit.
Kaufpreis	Summe, die für den Erwerb einer Immobilie gezahlt wird.	Wird im Kaufvertrag festgelegt und beim Notar hinterlegt.
Makler	Vermittler zwischen Käufer und Verkäufer oder Vermieter und Mieter von Immobilien.	Erhält im Erfolgsfall eine Maklercourtage.
Mietvertrag	Vertrag zwischen Vermieter und Mieter über die Nutzung einer Immobilie gegen Zahlung der Miete.	Regelt Rechte und Pflichten beider Parteien.
Notar	Jurist, der die Beurkundung von Immobilienkäufen und -verkäufen vornimmt.	Gewährleistet die rechtliche Sicherheit der Transaktion.
Wohnflächenberechnung	Ermittlung der gesamten nutzbaren Fläche einer Immobilie nach bestimmten Vorschriften.	Relevant für Miete, Verkauf und Nebenkostenabrechnung.

Abbildungsverzeichnis

Index

Z

Formularteil: Vordrucke zum Herausnehmen

Wie versprochen, finden Sie in diesem Formularteil noch eine Reihe nützlicher Formulare. Sie sollen Ihnen dabei helfen, mehr Klarheit über Ihre individuelle Geldanlage zu gewinnen. Die einzelnen Formulare sind mit einer Perforation versehen, um sie einfacher aus dem Buch heraustrennen zu können. Dazu falten Sie ein Blatt zunächst mehrmals entlang der Perforation. Dann lösen Sie es durch vorsichtiges seitliches Ziehen aus dem Buch.

Wenn Sie das Buch nicht beschädigen möchten oder ein Formular mehrfach brauchen (etwa, weil Sie sich mehrere Ziele setzen oder einen Budgetplan für mehrere Monate erstellen wollen), laden Sie die Formulare einfach als PDF-Dateien aus dem Internet und drucken sie anschließend bei sich zu Hause aus. Die Webadresse für den Download lautet: www.mut.de/0081

Hinweise zu den Formularen

Gehen Sie beim Ausfüllen der einzelnen Formulare gründlich vor. Geldanlage ist eine langfristige Angelegenheit, und deshalb sollten Sie sich auch für die Vorbereitung und Planung etwas Zeit nehmen. Sie finden auf den nächsten Seiten fünf Formulare mit jeweils mehreren Seiten.

- **Mein finanzielles Ziel:** Schreiben Sie mit diesem Formular Ihr finanzielles Ziel auf und überlegen Sie sich zehn Schritte, die Sie gehen können, um dieses Ziel zu erreichen.
- **Mein perfekter Budgetplan:** Wer Wohlstand erlangen will, muss mit einem Budget auskommen und darf nicht ständig über seine Verhältnisse leben. Berechnen Sie mit diesem Formular Ihre Einnahmen und Ihre regelmäßigen Fixkosten. Stellen Sie auf dieser Basis einen Budgetplan für einen Monat und ein ganzes Jahr zusammen.
- **Mein Risikoprofil:** Das Risikoprofil entscheidet darüber, welche Anlageprodukte Sie zu welchen Anteilen in Ihr Portfolio aufnehmen. Schreiben Sie es in diesem Formular auf. Es kann Ihnen später als Grundlage für Ihre Anlageentscheidungen dienen.
- **Mein Gesamtvermögen:** Berechnen Sie in regelmäßigen Abständen, etwa einmal jährlich, Ihr Gesamtvermögen. So können Sie sich vergegenwärtigen, dass Sie auf einem guten finanziellen Weg sind.
- **Meine Daten:** Notieren Sie die Zugangsdaten Ihrer Banken, Ihrer Krypto-Wallets oder – im Fall einer Immobilienanlage – auch des Maklerportals. Bewahren Sie die Daten an einem sicheren Ort auf. So haben Sie diese stets parat, und in einem Notfall könnten auch Ihnen vertraute Personen darauf zugreifen.

Mein finanzielles Ziel

Ich mache mir klar, warum ich ein Vermögen erlangen will, und formuliere ein klares finanzielles Ziel. Das Ziel formuliere ich nach dem SMART-Prinzip, d. h., es ist spezifisch, messbar, attraktiv, realistisch und terminiert.

Mein Motiv

Ich möchte ein Vermögen erlangen, um:

____

____

____

____

____

____

Mein Ziel

Spätestens am ____________________ verfüge ich über ein Vermögen in Höhe von

____________________ Euro und ______________________________

____

____

____

____

10 Dinge

Ich notiere zehn Dinge, die ich noch heute oder zeitnah in Gang bringen kann, um mein finanzielles Ziel zu erreichen.

1. ______________________________

____

____

2. ______________________________

____

____

3. ______________________________

____

____

4. ______________________________

____

____

5. ______________________________

____

____

6. ______________________________

____

____

7. ______________________________

____

____

8. ______________________________

____

____

9. ______________________________

____

____

10. ______________________________

____

____

- - - - - - - - - - - - - - -
DATUM

- - - - - - - - - - - - - - - -
UNTERSCHRIFT

Mein perfekter Budgetplan

Wohlhabend werde ich nicht durch das, was ich einnehme, sondern durch das, was ich behalte. Ich plane deshalb meine Einnahmen und Ausgaben auf Monats- und Jahressicht und nehme, falls erforderlich, Anpassungen vor.

1. Einnahmen pro Monat

Ich notiere meine sämtlichen Monatseinnahmen, dazu zählen neben Lohn oder Honoraren z. B. Mieteinnahmen, Erlöse aus Privatverkäufen oder Geldgeschenke.

Jahr: ____________________ **Monat:** ____________________

	Art der Einnahme	Betrag
1.		
2.		
3.		
4.		
5.		
6.		
7.		
8.		
9.		
10.		
11.		
12.		
13.		
14.		
15.		
16.		
17.		
18.		
	MONATSEINNAHMEN GESAMT	

2. Einnahmen pro Jahr

Für einen besseren Überblick über meine Finanzen schreibe ich meine Jahreseinnahmen auf, indem ich die Monatseinnahmen addiere.

Bei Einnahmen aus einer selbstständigen Tätigkeit rechne ich mit den Nettoeinnahmen, die Steuervorauszahlungen – sowie anstehende Nachzahlungen – nehme ich bei der Ausgabenseite auf.

Jahr: ______________________

	Monat	Betrag
1.	Januar	
2.	Februar	
3.	März	
4.	April	
5.	Mai	
6.	Juni	
7.	Juli	
8.	August	
9.	September	
10.	Oktober	
11.	November	
12.	Dezember	
	JAHRESEINNAHMEN GESAMT	

Entwicklung

JAHRESEINNAHMEN VORJAHR: ______________________

PROZENTUALE ENTWICKLUNG*: ______________________

*Zur Berechnung der prozentualen Entwicklung teile ich die Einnahmen dieses Jahres durch die Einnahmen des Vorjahres. Vom Ergebnis ziehe ich 1 ab und multipliziere dann mit 100, um den Prozentwert (positiv oder negativ) zu erhalten.

3. Meine Fixkosten

Ich finde heraus, welche Fixkosten ich regelmäßig bezahlen muss. Das Geld, das ich regelmäßig für Einkäufe, zum Tanken oder zum Ausgehen ausgebe, bleibt hier zunächst außen vor, da es zunächst nur um Beträge gehen soll, an die ich vertraglich gebunden bin.

Nachdem ich den Überblick erstellt habe, mache ich mir ausführlich Gedanken, welche Fixkosten ich senken könnte. Beispiele: Stromanbieter wechseln, Zeitschriftenabo kündigen, anderer Mobilfunktarif.

Monatliche Fixkosten

Beispiele für monatliche Fixkosten: Miete oder Hausgeld, Telefon, Abschlagszahlungen für Strom und Gas, Leasingrate, Fitnessstudio, Monatsticket für den öffentlichen Nahverkehr.

	Art der Fixkosten	Betrag
1.		
2.		
3.		
4.		
5.		
6.		
7.		
8.		
9.		
10.		
11.		
12.		
13.		
14.		
15.		
	MONATLICHE FIXKOSTEN GESAMT	

Vierteljährliche Fixkosten

Zu den vierteljährlichen Ausgaben zählen z. B. die Rundfunkgebühr, die Grundsteuer oder Einkommensteuervorauszahlungen.

	Art der Fixkosten	Betrag
1.		
2.		
3.		
4.		
5.		
6.		
7.		
8.		
9.		
10.		
	VIERTELJÄHRLICHE FIXKOSTEN GESAMT	

Halbjährliche Fixkosten

Halbjährliche Fixkosten sind eher die Ausnahme, aber beispielsweise könnten Sie Ihre Kfz-Versicherung halbjährlich bezahlen, um nicht von einmaligen hohen Beträgen erschlagen zu werden.

	Art der Fixkosten	Betrag
1.		
2.		
3.		
4.		
5.		
6.		
7.		
8.		
9.		
10.		
	HALBJÄHRLICHE FIXKOSTEN GESAMT	

Jährliche Fixkosten

Zu den jährlichen Fixkosten gehören etwa die Müllgebühr oder die Kfz-Steuer, aber auch verschiedene Versicherungen wie die Privathaftpflichtversicherung.

	Art der Fixkosten	Betrag
1.		
2.		
3.		
4.		
5.		
6.		
7.		
8.		
9.		
10.		
	JÄHRLICHE FIXKOSTEN GESAMT	

Einnahmen minus Fixkosten

Monatliche Fixkosten: ______________________________ Euro

Vierteljährliche Fixkosten geteilt durch 3: ______________________________ Euro

Halbjährliche Fixkosten geteilt durch 6: ______________________________ Euro

Jährliche Fixkosten geteilt durch 12: ______________________________ Euro

Summe = Fixkosten auf den Monat heruntergebrochen: ______________ Euro

Monatseinnahmen minus heruntergebrochene Fixkosten: ______________ Euro

4. Mein Monatsbudget

Auf der Basis meiner Fixkostenberechnung plane ich, wie ich mein in einem Monat verbliebenes Geld einsetze. Einen Teil davon verwende ich für variable Ausgaben wie Einkäufe im Supermarkt, einen Gang zum Friseur oder die nächste Tankfüllung, die ich im Voraus einplane. Den Überschuss spare und investiere ich.

Einnahmen

Monatseinnahmen gemäß obiger Berechnung	Betrag

Ausgaben

	Ausgaben	Betrag
1.	Monatliche Fixkosten gemäß obiger Berechnung	
2.		
3.		
4.		
5.		
6.		
7.		
8.		
9.		
10.		
11.		
12.		
13.		
14.		
15.		
16.		
17.		
18.		
	MONATLICHE AUSGABEN GESAMT	

Sparen und Investieren

Monatseinnahmen minus monatliche Ausgaben

= Geld zum Sparen und Investieren: ______________________________

5. Mein Jahresbudget

Ich nehme meine Budgetplanung längerfristig ins Visier, indem ich neben einem Monatsbudget auch ein Jahresbudget erstelle. Daran halte ich mich so strikt, wie es geht, oder ich versuche, das Budget zu unterschreiten, um mehr Geld zum Sparen und Investieren zu behalten.

Einnahmen

Jahreseinnahmen gemäß obiger Berechnung	Betrag

Ausgaben (Fixkosten und flexible Ausgaben)

	Monat	Betrag
1.	Januar	
2.	Februar	
3.	März	
4.	April	
5.	Mai	
6.	Juni	
7.	Juli	
8.	August	
9.	September	
10.	Oktober	
11.	November	
12.	Dezember	
	JÄHRLICHE AUSGABEN GESAMT	

Sparen und Investieren

Jahreseinnahmen minus jährliche Ausgaben

= Geld zum Sparen und Investieren: ____________________

Sparquote

Geld zum Sparen und Investieren / Einnahmen x 100: ____________________

Mein Risikoprofil

Mein Risikoprofil bildet die Grundlage dafür, wie ich mein Anlageportfolio zusammenstelle. Es basiert auf dem »magischen Dreieck« der Geldanlage. Welchen Ertrag ich erzielen kann, hängt sowohl von meinem Sicherheitsbedürfnis als auch von meinem Anlagehorizont ab.

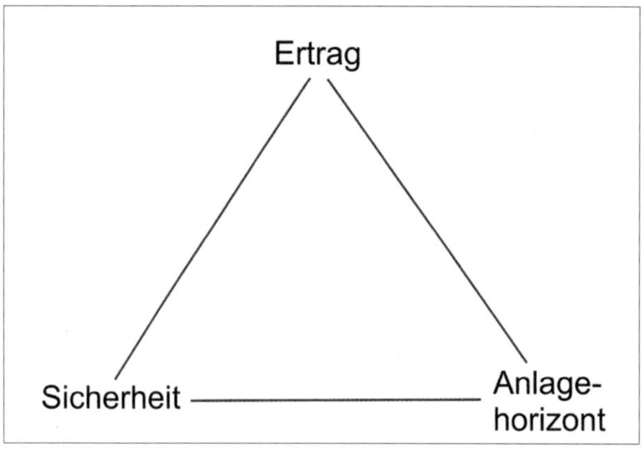

Ich kreuze auf einer Skala von 0 bis 10 jeweils einen Wert an, der für mich passt,
wobei die **0** für **trifft nicht zu** und die **10** für **trifft voll zu** steht.

1. Ich möchte mit meiner Geldanlage unbedingt eine hohe Rendite erzielen.

◯ 0 ◯ 1 ◯ 2 ◯ 3 ◯ 4 ◯ 5 ◯ 6 ◯ 7 ◯ 8 ◯ 9 ◯ 10

2. Ich möchte mein Vermögen über einen langen Zeitraum anlegen.

◯ 0 ◯ 1 ◯ 2 ◯ 3 ◯ 4 ◯ 5 ◯ 6 ◯ 7 ◯ 8 ◯ 9 ◯ 10

3. Ich kann mit starken Kursschwankungen und Kursrückgängen umgehen.

◯ 0 ◯ 1 ◯ 2 ◯ 3 ◯ 4 ◯ 5 ◯ 6 ◯ 7 ◯ 8 ◯ 9 ◯ 10

4. Ich verfüge im Zusammenhang mit der Geldanlage über gute Kenntnisse.

◯ 0 ◯ 1 ◯ 2 ◯ 3 ◯ 4 ◯ 5 ◯ 6 ◯ 7 ◯ 8 ◯ 9 ◯ 10

5. Ich möchte kein Geld verlieren.

◯ 0 ◯ 1 ◯ 2 ◯ 3 ◯ 4 ◯ 5 ◯ 6 ◯ 7 ◯ 8 ◯ 9 ◯ 10

6. Ich will auf mein Geld jederzeit zugreifen können.

◯ 0 ◯ 1 ◯ 2 ◯ 3 ◯ 4 ◯ 5 ◯ 6 ◯ 7 ◯ 8 ◯ 9 ◯ 10

Nachdem ich die für mich zutreffenden Werte angekreuzt habe, geht es weiter.

Ich addiere die Werte von 1 bis 4 (= A): ______________________________

Ich addiere die Werte 5 und 6 (= B): ______________________________

Ich subtrahiere A minus B: ____

Je höher der so erhaltene Wert ausfällt, desto risikoreicher kann ich investieren. Ich wähle:

☐ Bei einem Wert ab 30 ein chancenorientiertes Portfolio: In einem solchen Portfolio kann der Aktienanteil – bei entsprechend langem Anlagehorizont – zwischen 60 % und 85 % betragen. Ein Anleihen- bzw. Cash-Anteil von 15–40 % sollte vorgehalten werden, um Durststrecken überbrücken zu können. Neben Aktien (am besten in Form von ETFs) können z. B. auch stark schwankende Anlagen in Rohstoffe in Erwägung gezogen werden.

☐ Bei einem Wert von 20 bis 29 ein ausgewogenes Portfolio: Das ausgewogene Portfolio wird einem höheren Sicherheitsbedürfnis gerecht. Es kann ein Aktienanteil zwischen 40 % und 60 % gewählt werden, natürlich weltweit diversifiziert. Der Anleihen- bzw. Cash-Anteil beträgt zwischen 40 % und 60 % oder Sie tätigen weitere Investitionen in weniger riskante Sachwertanlagen wie z. B. Immobilien.

☐ Bei einem Wert bis 19 ein konservatives Portfolio: Hier beträgt der Aktienanteil im Portfolio nur zwischen 15 % und 40 %. Anleihen bzw. Cash sind in diesem Portfolio mit einem Anteil von 60–85 % eingeplant, allerdings geht das dann stark zulasten der Rendite. Ein konservatives Portfolio ist eher auf Vermögenserhalt als auf Vermögenswachstum ausgerichtet.

Edelmetalle wie Gold können allen drei Portfolios als »sicherer Hafen« und klassischer Inflationsschutz beigemischt werden.

Mein Gesamtvermögen

Ich ermittle mindestens einmal jährlich meine Vermögensentwicklung und freue mich über die langfristigen Zuwächse. Halte ich Mischfonds, schlage ich den Anleihenanteil den Geldwerten zu, während Aktien, Immobilien und Rohstoffe zu den Sachwerten zählen.

Datum der Vermögensermittlung: ____________________________________

Geldwerte

Zu den Geldwerten zählt alles, was in Geld angelegt ist, also insbesondere Tagesgeld, Festgeld und Anleihen. Auch größere Bargeldsummen nehme ich in die Vermögensermittlung auf.

	Anlageprodukt	Betrag
1.		
2.		
3.		
4.		
5.		
6.		
7.		
8.		
9.		
10.		
11.		
12.		
	GESAMTBETRAG GELDWERTE	

Sachwerte

Nun schreibe ich den Wert meiner Aktien-ETFs und weiterer Sachwerte auf. Bei Edelmetallen verwende ich den Ankaufspreis eines großen Händlers. Beim Wert von Immobilien orientiere ich mich an ähnlichen Angeboten auf dem Markt, ziehe vom Angebotspreis aber noch zehn Prozent ab.

	Anlageprodukt	Betrag
1.		
2.		
3.		
4.		
5.		
6.		
7.		
8.		
9.		
10.		
11.		
12.		
	GESAMTBETRAG SACHWERTE	

Gesamtvermögen

Gesamtbetrag Geldwerte: ______________________ Euro

Gesamtbetrag Sachwerte: ______________________ Euro

Bruttogesamtvermögen: ______________________ Euro

Fällige Steuern bei der Veräußerung der Sachwerte: ______________________ Euro

Nettogesamtvermögen: ______________________ Euro

Meine Daten

Ich notiere die Daten, die im Zusammenhang mit meiner Geldanlage wichtig sind. So habe ich die Daten stets parat. Wichtig: Ich sorge für eine sichere Aufbewahrung.

Häufig benötigte Daten

Steuerliche Identifikationsnummer: ______________________________

Verteilung des Sparerpauschbetrags: ______________________________

____

Bank-Zugangsdaten

Name der Institution: ______________________________

IBAN: ______________________________

BIC: ______________________________

Benutzername: ______________________________

Passwort: ______________________________

Name der Institution: ______________________________

IBAN: ______________________________

BIC: ______________________________

Benutzername: ______________________________

Passwort: ______________________________

Name der Institution: ______________________________

IBAN: ______________________________

BIC: ______________________________

Benutzername: ______________________________

Passwort: ______________________________

Name der Institution: ______________________________

IBAN: ______________________________

BIC: ______________________________

Benutzername: ______________________________

Passwort: ______________________________

Name der Institution: ______________________________

IBAN: ______________________________

BIC: ______________________________

Benutzername: ______________________________

Passwort: ______________________________

Weitere Zugangsdaten

Name der Institution: ______________________________

Weitere Angaben: ______________________________

Benutzername: ______________________________

Passwort: ______________________________

Name der Institution: ______________________________

Weitere Angaben: ______________________________

Benutzername: ______________________________

Passwort: ______________________________

Name der Institution: ______________________________

Weitere Angaben: ______________________________

Benutzername: ______________________________

Passwort: ______________________________

Name der Institution: ______________________________

Weitere Angaben: ______________________________

Benutzername: ______________________________

Passwort: ______________________________

Name der Institution: ______________________________

Weitere Angaben: ______________________________

Benutzername: ______________________________

Passwort: ______________________________

Name der Institution: ______________________________

Weitere Angaben: ______________________________

Benutzername: ______________________________

Passwort: ______________________________

Name der Institution: ______________________________

Weitere Angaben: ______________________________

Benutzername: ______________________________

Passwort: ______________________________